AF305900

ÉTUDE

SUR LA

TRANSPORTATION

DE LA SITUATION LÉGALE DES TRANSPORTÉS

AU POINT DE VUE

DE LA FAMILLE, DE LA PROPRIÉTÉ ET DES DROITS PRIVÉS ET PUBLICS

PAR

Edmond BRUYANT

DOCTEUR EN DROIT
AVOCAT A LA COUR D'APPEL

> « Notre ancienne théorie pénale
> « n'allait que jusqu'au châtiment,
> « la nouvelle essaiera d'aller jus-
> « qu'à la rédemption, telle est la
> « tâche de notre temps. »
> Michaux, *Étude sur la ques-*
> *tion des peines.*

PARIS

LIBRAIRIE NOUVELLE DE DROIT ET DE JURISPRUDENCE
ARTHUR ROUSSEAU ÉDITEUR
14, RUE SOUFFLOT ET RUE TOULLIER 13,

1889

ÉTUDE

SUR LA

TRANSPORTATION

ÉTUDE

SUR LA

TRANSPORTATION

—

DE LA SITUATION LÉGALE DES TRANSPORTÉS

AU POINT DE VUE

DE L'ÊTRE, DE LA PROPRIÉTÉ ET DES DROITS PRIVÉS ET PUBLICS

PAR

Edmond BRUYANT

DOCTEUR EN DROIT
AVOCAT A LA COUR D'APPEL

« Notre ancienne théorie pénale
« n'allait que jusqu'au châtiment,
« la nouvelle essaiera d'aller jus-
« qu'à la rédemption, telle est la
« tâche de notre temps. »
Michaux, *Etude sur la question des peines.*

PARIS

LIBRAIRIE NOUVELLE DE DROIT ET DE JURISPRUDENCE
ARTHUR ROUSSEAU ÉDITEUR
14, RUE SOUFFLOT ET RUE TOULLIER 13,

—

1889

PRÉFACE

On peut voir en ce moment à l'exposition universelle dans la section pénitentiaire deux statuettes fort
laides et rappelant vaguement les exhibitions de certaines boutiques de la foire, mais cependant très sug-
gestives.

L'une représente l'ancien forçat, l'autre le forçat
moderne.

Livide, en haillons, courbé sous le poids des chaînes
et traînant le boulet, le premier de ces forçats incarne
le condamné irrémédiablement flétri et corrompu,
croupissant dans l'horreur du bagne que tant d'écrivains jadis avaient coutume de comparer à l'enfer
usant ainsi d'une comparaison médiocrement neuve,
mais toujours propice en développements littéraires
pleins d'intérêt.

Gros, bien en point, proprement vêtu, l'outil au poing,
ainsi qu'un bon père de famille et estimable travailleur, le second forçat incarne le condamné moderne
dont la société recherche, encourage et récompense l'a-
mendement et la réhabilitation.

Avec de la bonne volonté et quelques efforts d'imagination, tous ceux qui verront ces deux statuettes pourront d'un seul coup d'œil mesurer la distance parcourue et la différence existant entre l'ancienne méthode qui punissait le malfaiteur, et la nouvelle méthode qui non-seulement châtie le malfaiteur, mais le moralise et l'amende, ou tout au moins essaie de le moraliser.

Sur cette conception nouvelle de la peine, en général on a peu de connaissances, ou ce qui est pire encore des idées inexactes.

Il est vrai qu'en vertu d'une maxime polie, nul n'est censé ignorer la loi, et chacun sait en effet que les bagnes continentaux ont été supprimés, et que la peine des travaux forcés s'exécute dans de lointaines colonies, en Guyane et en nouvelle Calédonie. Mais volontiers, hommes et femmes sensibles qui suivent avec émotion les débats des cours d'assises, s'imaginent avoir assisté au denouement du drame quand ils ont entendu le président prononcer la condamnation aux travaux forcés, et ne se préoccupent pas de savoir quelles sont les conséquences de cette condamnation, ni par quels moyens la loi pénale plaçant désormais à côté de la faute la possibilité du repentir et du salut ne sépare plus la justice humaine du pardon.

De temps en temps ils lisent dans leur journal que tel malfaiteur un instant célèbre soit pour avoir habilement découpé sa victime en menus morceaux, soit pour avoir massacré l'amant de sa femme, avec un raffinement de cruauté indigne d'une société aussi notoirement civilisée et tolérante que la nôtre, vit dans la

Nouvelle-Calédonie en paisible propriétaire. Cette lecture ne manque pas de les indigner.

Ces exceptions posées en règle, lancées dans un journal, sans explication préalable égarent l'opinion publique de même que certaines phrases isolées et détachées de l'ensemble d'un livre prennent un sens alarmant et demeurent incomprises du lecteur. Les malfaiteurs eux-mêmes ne sont pas éloignés de considérer la transportation comme le commencement de leur carrière aventureuse, comme un mode d'acquisition de la propriété, consacré pour eux spécialement par un législateur bienveillant. Rien n'est plus difficile à vaincre qu'un préjugé et mon livre n'y réussira point ; il n'a pas d'ailleurs cette prétention téméraire, et n'a été fait que pour présenter les traités principaux du plan au moyen duquel l'administrateur pénitentiaire entreprend d'attacher le condamné au sol colonial, et de faire enfin descendre et passer dans les faits cette magnifique et féconde idée que la peine n'a pas seulement pour but de châtier mais aussi d'amender les condamnés. Pour parler avec compétence de l'organisation de la famille et de la propriété dans le monde des forçats le plus sûr moyen eût été de passer les mers, d'aborder dans nos colonies pénitentiaires et comme on dit en style administratif de descendre sur les lieux.

Ayant beaucoup voyagé, j'aurais sans doute beaucoup appris et retenu : malgré le proverbe inventé par des gens incrédules « a beau mentir qui vient de loin » jaurais eu en qualité de témoin oculaire, une autorité d'autant plus considérable que parmi ceux qui liront

ce petit livre, bien peu sans doute reviennent de Guyanne ou de Calédonie.

Si pratique qu'il fût, ce moyen m'était interdit. J'ai
lu avec profit les ouvrages très intéressants de M. De
Lanessan sur l'expansion coloniale, de M. Reinach sur
les récidivistes, dépouillé avec recueillement toutes
les notices officielles publiées depuis 1867 jusqu'à
nos jours par le département de la marine, recueilli
de nombreux renseignements au service de la Transportation dirigé par des fonctionnaires à l'activité et à
la bienveillance desquels je serais ingrat de ne pas
rendre hommage, et j'espère ainsi présenter une étude
qui a le mérite d'être impartiale et aussi celui d'être
brève.

Il m'eût été difficile de parler de la transportation
sans dire quelques mots de nos colonies et de leur
avenir. L'application du régime pénal usité dans nos
colonies pénitentiaires suscite de nombreuses contro-
verses pour la solution desquelles il est permis de suspendre encore son jugement, mais il me paraît déjà
incontestable que la colonisation pénale prépare les
voies à la colonisation libre et constitue aussi un utile
appoint à la formation et au développement de l'empire colonial nécessaire à la prospérité et à la grandeur de notre patrie.

On a élevé à la hauteur d'un axiome cette maxime
que la France n'était pas un pays colonisateur. Rien
n'est plus faux, mais la vérité, comme l'a dit très
justement M. Jules Simon, c'est que « nous avons
donné morceau par morceau notre empire colonial

pour rançon du territoire national. » Ce sera plus
tard un titre d'orgueil pour notre temps que d'avoir
deviné la nécessité de la reconstitution d'un empire colonial, et pour être retardée par une ingratitude pas-
sagère, la reconnaissance n'en viendra pas moins sûrement à l'éminent homme d'Etat qui, prévoyant les
destinées futures de notre patrie, lui a donné des pos-
sessions susceptibles de compenser les colonies perdues et de maintenir la France au rang qu'elle a le
droit et le devoir d'occuper parmi les peuples de la
vieille Europe.

ÉTUDE

SUR LA

TRANSPORTATION

PREMIÈRE PARTIE

DE L'EXÉCUTION DE LA PEINE

CHAPITRE PREMIER

DES PEINES COLONIALES

Aujourd'hui, l'Etat augmente de plus en plus ses attributions, grandit et élargit son action, et comme les sociétés emportées par un grand mouvement social en limitent difficilement la portée et ne peuvent point régler leur marche de façon à s'arrêter et à se ressaisir à temps, il est probable que le courant d'idées qui pousse les sociétés modernes à multiplier l'intervention de l'Etat progressera jusqu'à ce que ce courant s'arrête spontanément, épuisé dans toutes ses conséquences. Aussi bien est-il permis de penser que déjà ce serait peine perdue de vouloir enrayer le mouvement, et combattre le mal si toutefois c'en est un.

Strictement, l'Etat ne doit aux individus que la justice. Quand l'un d'eux a été condamné comme coupable d'un délit, le rôle de l'Etat consiste simplement à le punir et à intimider ainsi tous ceux qui pourraient être tentés de l'imiter.

Aujourd'hui l'Etat ne s'en tient pas à cette simple mission : l'on retrouve en effet, jusque dans le domaine du droit criminel l'influence des tendances qui consistent selon la définition donné par H. Spencer (1) : à substituer à la morale de l'Etat la morale de la famille, c'est-à-dire à exiger de l'Etat non seulement la justice, mais aussi l'assistance et la charité que les membres d'une famille et d'une société se doivent entr'eux.

Telle n'était pas la théorie de notre ancien droit pénal, il s'arrêtait au châtiment. Dans le droit moderne, le châtiment n'est qu'une première étape ; et dans nos peine coloniales, au moins telles qu'elles sont appliquées, il semble même que le châtiment soit passé au dernier plan et l'amendement au premier.

« La transportation, dit M. Michaux (2) a fait en-

1. Spencer. L'individu contre l'Etat.
2. Etude sur la question des peines.

« trer la révolution dans notre régime pénitentiaire.
« Notre ancienne théorie pénale n'allait que jusqu'au
« châtiment, la nouvelle essaiera d'aller jusqu'à la
« rédemption : telle est la tâche de notre temps. »

Comment cette révolution s'est-elle opérée ?

L'idée d'amender les malfaiteurs n'est pas nouvelle, elle fut exposé avec éloquence par Platon et par Sénèque (1) ; mais l'antiquité se contenta d'en parler et ne l'appliqua pas.

Les évêques, il est vrai, reçurent des empereurs de la décadence, mission de visiter les prisonniers et d'inspecter les prisons ; mais c'est seulement au moyen âge et grâce à l'influence des idées religieuses que l'idée d'amender les coupables fut appliquée : « *Parum est coercere improbos pœna, nisi probos efficias disciplinâ.* » Dans ce but, l'Eglise ne prononçait point la peine de mort et le chatiment le plus grave qu'elle infligeait était l'emprisonnement solitaire et perpétuel. (Trébutien, *Dr. criminel*, T. Ier p. 48 ; Huc, *Revue critique*, T. VIII, p. 441).

Les rédacteurs du Code pénal de 1791 proclamèrent la nécessité d'appeler « par les institutions, le repentir dans l'âme du coupable, afin qu'il puisse arriver à la vertu, par l'espérance d'arriver à l'honneur » (2).

1. Gorjias. *De clementia*, I, 22,
2. Locré. T. 29, p. 22.

L'idée est donc semée depuis longtemps : c'est seulement à notre époque qu'elle a poussé et porté ses fruits. C'est d'ailleurs le sort de la plupart des idées, si justes et généreuses qu'elles soient, de ne passer dans les faits que quand elles répondent à un besoin né et actuel des sociétés, lesquelles comprennent plus vite leurs devoirs quand elles y trouvent la satisfaction de leurs interêts.

Or, autrefois c'eût été une pure générosité que de se préoccuper du moment si grave et si important où le condamné sort de prison pour rentrer dans la vie libre : « Il y avait peu de récidivistes, dit M. Bonneville de Marsangy, alors que la loi disait comme au XVI⁰ siècle : au premier vol le coupable sera pilorié, au second il sera pendu ». En outre les malfaiteurs de profession si nombreux sous l'ancien régime (1) et qui exerçaient les différents métiers de faux-saunier, braconnier, contrebandier, ou celui plus lucratif encore de mendiant, avaient tous un emploi assuré sur les galères royales. Aujourd'hui, cette méthode simple et expéditive a cessé d'être en accord avec notre civilisation ; les peines, les mœurs ont été s'adoucissant. « L'histoire de la peine, a-t-on dit avec raison, est une abolition cons-

---

1. Histoire de la récidive.
2. Taine : Origines de la France contemporaine. T. 1.

tante. » La peine de mort est rarement appliquée, les bagnes ont été supprimés.

Au lieu de pilorier ou de pendre les malfaiteurs, la société les frappe seulement de courtes peines d'emprisonnement et les rend ensuite à la liberté ; or il est manifeste que si elle n'a pu réussir à les amender, au moment ou elle les rend à la liberté, elle aura en eux autant de dangereux ennemis. C'est ainsi que la société a été amenée à comprendre que le plus grave des problèmes pénitentiaires se pose au moment de la libération.

Mais qu'a-t-elle fait pour le résoudre ?

« Quand la peine a cessé, que la charité commence ! » L'écrivain qui formulait ce principe éminemment judicieux entendait dire la charité privée.

Mieux en effet qu'une administration, la charité privée peut mener à bien la délicate mission de guider un libéré et de le prendre pour ainsi dire par la main, pour le ramener vers les honnêtes gens, le présenter et le reclasser définitivement parmi eux.

Mais ce conseil n'a pas été suivi : collectivement, les honnêtes gens sont animés des meilleures intentions et des désirs les plus philanthrophiques ; mais en particulier chacun d'eux obéissant à un sentiment de prudence trop naturel et trop bien fondé pour ne pas durer, s'écarte de tous ceux que la justice a flétris, et les tient rigoureusement en interdit. La société qui a la volonté et l'illusion d'être charitable ne sait ni ne peut leur pardonner.

Les idées d'amendement et de régénération que la société a placées dans la loi, elle ne les a pas fait descendre dans les mœurs. La révolution dont parlait M. Michaux a été cantonnée dans le domaine du droit, et n'a pas coïncidé avec une révolution semblable dans les mœurs. Tout au contraire, jamais société ne fut plus rude et plus impitoyable aux coupables et aux malheureux que la nôtre.

Même quand la loi condamne à quelques mois de prison, l'opinion publique condamne à perpétuité. Ainsi autrefois, grâce à la difficulté des communications, à l'insuffisance de la police, il était possible à un libéré réellement corrigé de dissimuler son passé, de reconquérir sa place au soleil et de faire souche d'honnêtes gens, aujourd'hui en vertu de l'interdiction de séjour, du casier judiciaire et autres perfectionnements dont notre civilisation s'honore, à très juste titre d'ailleurs, quiconque entre en prison doit y laisser toute espérance.

Les sociétés de patronage sont trop peu nombreuses et n'ont que des ressources insuffisantes: « un libéré sur 4000 a la bonne fortune d'être secouru par une société de patronage, » dit M. F. Desportes. (1)

1. Rapport à la Société générale des prisons, 1882.

Il faut reconnaître d'autre part que le désordre produit par la criminalité est d'autant plus sensible et troublant que la société est elle-même plus calme et plus régulière ; en outre, la presse moderne grossit démesurément les choses. Ainsi s'explique l'illusion de la société, persuadée que les crimes augmentent de nos jours, alors que depuis plus de trente ans leur nombre diminue régulièrement d'année en année.

Il y a donc un désaccord certain entre les institutions et les faits, entre la loi qui recherche l'amendement du malfaiteur et l'opinion publique qui ne reconnaît point cet amendement et refuse d'y croire. Ce désaccord a été fécond en conséquences.

Ce que l'initiative privée ne faisait point, l'Etat s'est chargé de l'accomplir, il a tenté l'expérience dans les colonies et comme on ne peut pas bien administrer de loin, il a confié à un intermédiaire, qui est l'administration pénitentiaire coloniale, le soin de diriger le régime inauguré en 1851 et consacré légalement en 1854.

Or, cette administration à qui on a donné la mission de transformer des malfaiteurs en colons, de faire de la bonne besogne avec des instruments faussés, fragiles, et rompant à tout coup, a été amenée naturellement, tant en raison de sa situation même qu'à cause des résultats qu'on exigeait d'elle, à se préoccuper des intérêts de la colonisation et à sacrifier ceux de la répression.

Si bien qu'à la longue, il s'est produit une déviation en vertu de laquelle les peines coloniales instituées non seulement pour faciliter la régénération des criminels mais aussi pour châtier les crimes considérés comme les plus graves, sont devenues moins dures et moins intimidantes que les peine continentales destinées cependant à punir des crimes moins graves. En d'autres termes, l'échelle des peines est renversée aujourd'hui ; mieux vaut être assassin que voleur. Bien plus, il faut reconnaître qu'il y a une part de vérité dans les critiques amères de ceux qui disent : « l'administration a fait des bagnes coloniaux une sinécure pour les malfaiteurs.... et leur fait une situation que l'honnête homme malheureux peut envier sans y parvenir (1) ».

L'Etat, par une évidente opposition au droit naturel, prodigue ses bienfaits à certains individus en raison inverse de leurs mérites ; il les traite mieux que les honnêtes gens malheureux et comme dans l'Evangile il déploie une sollicitude plus bienveillante à l'égard de la brebis égarée que des cent autres restées sagement au bercail.

1. Moncelon. Les Bagnes et les colonisations pénales, par un Témoin oculaire.

Malgré les abus et les erreurs, la transportation telle qu'elle a été conçue et organisée par la loi du 31 mai 1854, ne laisse pas d'être la peine la plus propre à l'accomplissement et au succès de la rédemption des malfaiteurs.

En France, parmi les forçats libérés, la proportion des récidivistes était de 95 %. Parmi les condamnés qui sortent de prison, elle est de 36 pour 100 (récidive criminelle), 54 pour 100 (récidive correctionnelle), tandis qu'en Guyanne et en Calédonie la proportion varie entre 2 et 7 pour cent.

Il est évident en effet qu'en permettant aux condamnés de commencer une vie nouvelle, dans un milieu nouveau, la transportation résout pour la plupart d'entr'eux le problème du reclassement, insoluble dans la métropole.

Elle réunit le double avantage d'accroître la sécurité publique dans la métropole qu'elle a débarrassée des forçats, et de moraliser l'expiation, en l'utilisant au profit de la régénération des malfaiteurs.

Depuis 1854 la récidive criminelle a été diminuée autant que peut l'être un mal malheureusement incurable. Des assassins, des voleurs, ont été transformés en colons ; puis, étant devenus propriétaires, ont compris combien la propriété était chose respectable.

Quant aux libérés que l'administration n'a pu convertir, elle a réussi au moins à les désarmer, à les transformer d'ennemis incorrigibles de la société en parasites généralement inoffensifs qui, à défaut d'autre mérite, ont au moins celui de s'abstenir des meurtres, vols ou autres méfaits auxquels ils seraient fatalement revenus, s'ils n'avaient pas été expatriés.

Après une expérience prolongée pendant plus de 30 ans, il est désormais acquis que la transportation demeure l'instrument efficace de cette œuvre de rédemption, tâche et orgueil de notre temps.

En peut-on dire ou espérer autant de la nouvelle peine coloniale : de la relégation, introduite dans notre législation par la loi du 27 mai 1885 ?

Cette loi est dirigée non point contre les coupables qui, comme les transportés sont malfaiteurs d'accident ; mais contre les malfaiteurs de profession.

« Les statistiques émanées du Ministère de la justice, écrivait M. W. Rousseau en 1883, montrent que le nombre des récidivistes de délit à délit s'est développé depuis quelques années, en suivant une progression continue, presque régulière (1) ».

Aujourd'hui sur 100 malfaiteurs il y a plus de 50

1. Rappoot de M. Waldeck-Rousseau. Bulletin de la Société générale des prisons, Janvier 1883, p. 75,

récidivistes, c'est-à-dire plus de 50 individus qui
ont élevé la situation de voleur, mendiant ou d'ou-
vrier sans travail, à la hauteur d'une profession, laquelle consiste, moyennant l'abdication temporaire
d'une liberté sans attrait, à se procurer le loyer, le
chauffage, l'éclairage et une nourriture frugale aux
frais des contribuables honnêtes et à combiner les
délits de façon à passer principalement la mauvaise
saison en compagnie des camarades et amis.

Il en a été du métier de récidiviste comme de
tant d'autres ; il fut gâté par l'encombrement ; trop
d'individus embrassèrent cette carrière et l'opinion
publique s'en émut. La société eut peur, et comme
il est difficile à une société alarmée de rester philan-
thropique, elle passa brusquement de son indifférence
habituelle à une frayeur exagérée et réclama contre
ses incorrigibles ennemis une répression implacable
que le législateur complaisant se hâta de lui accorder en votant la loi du 27 mai 1885 avec autant de
rapidité et d'ardeur que si cette loi eût été purement politique.

Cette loi a l'avantage de fournir à la justice le
glaive qui lui manquait contre les malfaiteurs de
profession ; comme ceux-ci ne restent jamais longtemps sans revenir devant les tribunaux (1), ils ne

1. Journal Officiel, p. 1095, 12 mars 1888.

tarderont pas à enrichir leur casier judiciaire du nombre de condamnations suffisant pour que la relégation leur soit appliquée. La loi de 1885 permettra donc de faire rapidement la liquidation du passé et de débarrasser la métropole, mais dans l'œuvre même de la colonisation pénale, la relégation ne pourra jamais jouer un rôle parallèle à celui de la transportation, et l'on ne peut espérer de son application les mêmes résultats.

Tout d'abord, à cause même de l'état et la nature des malfaiteurs composant sa clientèle spéciale (1).

Usés moralement et physiquement, affaiblis par l'âge et le vice, les relégués ne peuvent pas rendre à la colonisation les mêmes services que les transportés, dont la plupart sont des êtres jeunes, énergiques, susceptibles de se redresser et de se régénérer.

De plus, ils subissent leur dernière peine en France, bien que cette peine soit insuffisante pour les amender si elle est courte ou achève de les épuiser, si elle est longue. Tant que dure cette dernière peine, ils demeurent sous la dépendance du ministère de l'intérieur ; or, au lieu de les préparer à la vie coloniale et de les transporter dès qu'ils y sont préparés, conformément aux termes de l'art.

1. Commission du classement des récidivistes, Journal officiel, p. 1056, 12 mars 1888.

12 de la loi, l'administration pénitentiaire qui semble avoir quelque peine à se séparer d'un si grand nombre d'administrés, les enferme soigneusement en prison, les garde jusqu'au dernier moment, et c'est là, en leur faisant fabriquer des chaussons de lisière ou coller des sacs de papier, qu'elle entend les préparer à la vie coloniale.

Les relégués étant en définitive des êtres irrémédiablement dégradés, dont il serait chimérique d'espérer le relèvement, l'administration pénitentiaire des colonies, depuis qu'elle applique la nouvelle loi, n'a pas cherché à les transformer comme les transportés, en colons et propriétaires ; elle se contente de les utiliser le mieux possible pour les gros travaux d'utilité publique. Jamais, par conséquent, la relégation n'aura la même portée ni le même but que la transportation. Elle s'arrêtera le plus souvent au châtiment; en pratique elle sera surtout un instrument de répression.

Quand à la troisième peine coloniale qui existe dans notre législation, c'est-à-dire la déportation, la colonisation pénale n'en peut rien attendre ni espérer. L'expérience a démontré que l'esprit de colonisation n'entrait dans l'âme des transportés que quand l'esprit de retour en était complètement sorti ; or, les déportés ne sont jamais que des hôtes de passage, et leur dignité de condamnés politiques leur donne droit de vivre sans travailler.

En conséquence, la transportation est la meilleure et la plus complète de nos peines coloniales. On en a divisé l'application en trois périodes.

1° la période de répression ;

2° celle de l'amendement ;

3° enfin celle de la récompense de l'amendement.

Nous nous préoccuperons surtout des deux dernières périodes en examinant principalement la constitution de la famille, l'organisation de la propriété, la restitution de certains droits privés et publics, en un mot l'ensemble des mesures au moyen desquelles l'administration prépare, conduit et achève la transformation des malfaiteurs en colons. C'est déjà un légitime sujet d'orgueil pour notre temps d'avoir supprimé l'ancienne espèce des forçats, abjects, redoutés, voués fatalement à la récidive, et de préparer au loin le développement d'une race qui, sinon à la première, au moins à la deuxième génération démontrera à la mère patrie — encore à l'heure qu'il est, incertaine et sceptique — combien était juste et vrai ce mot de Napoléon 1er. « Le meilleur système pénitentiaire serait celui qui purgerait l'ancien monde, en en peuplant un nouveau ».

CHAPITRE II

Nous avons montré sous quelle poussée d'idées, l'État et la société avaient été amenés à se préoccuper de l'amendement des malfaiteurs en même temps que de leur châtiment. Mais si de nouvelles idées, et le déplacement du problème pénitentiaire, posé non plus quand le condamné entre en prison, mais au contraire lorsqu'il en sort, ont été les causes de la révolution de notre droit pénal, ce furent des troubles politiques qui en furent l'occasion. Les émeutes de 1848 déterminèrent et hâtèrent le triomphe du régime des peines coloniales.

L'Etat alarmé eut d'abord recours à l'exil, à la transportation, aux procédés par lesquels les gouvernements se défont aujourd'hui des vaincus politiques qu'autrefois ils faisaient égorger sans pitié. « De là vint la loi du 8 juin 1850 qui désignait les îles Noukaïva et Waitahu comme siège de la déportation à deux degrés (1). »

« Mais vers la fin de 1850 (dit la notice de 1867 page 2) la question fut reprise à un point de vue plus général ; cette fois, c'était une réforme pénale que l'on voulait réaliser, une colonisation à l'instar de celle qu'avait fondée l'Angleterre, une sorte d'évolution du droit criminel. »

Il y eut toutefois un nouveau recul quand le décret du 8 octobre 1851 donna au Gouvernement la faculté de déporter en Guyane ou en Algérie, tous les individus placés sous la surveillance de la haute police, reconnus coupables d'être en rupture de ban, ou d'avoir fait partie d'une société secrète.

Mais ce premier pas accompli violemment dans la nouvelle voie, en détermina un second qui fut définitif. La déportation des condamnés politiques conduisit tout naturellement à la transportation des condamnés de droit commun.

« Sur un rapport du ministère de la Marine en date du 20 février 1852, (dit la même notice p. 4) le Gouvernement offrit la transportation comme une faveur, aux forçats en cours de peine, et plus de 3.000 d'entr'eux l'acceptèrent spontanément. »

Enfin, vint la loi du 31 mai 1854 qui compléta l'œu-

1. Notice, 1867.

vre commencée et consacra officiellement le nouveau régime pénal.

Dans le tableau que le législateur de 1854 fit de la transportation, en divisant cette peine en trois périodes : la répression, l'amendement, et la récompense de cet amendement, il ne put que tracer le contour général et l'ordre du plan, mais il le fit en traits si justes, que les lois, décrets ou règlements confectionnés depuis, n'en on rien effacé et l'ont fidèlement reproduit.

Cette loi inaugurait un régime pénitentiaire à peu près inconnu qu'il fallait nécessairement expérimenter au préalable. L'article 14 était fécond en promesses. Il promettait un règlement d'administration publique qui déterminerait :

1° le régime disciplinaire des établissements de travaux forcés ;

2° les conditions sous lesquelles des concessions de terrain provisoires, ou définitives pourraient être faites aux condamnés et libérés ;

3° L'étendue du droit des tiers, de l'époux survivant et des héritiers du concessionnaire sur les terrains concédés.

Le gouvernement ne pécha pas par excès de précipitation, et marchant prudemment d'expérience en expérience, attendit jusqu'en 1878 pour promulguer le règlement promis en 1854.

Dans une dépêche ministérielle accompagnant l'envoi de ce règlement, le Ministre de la marine estimait que : « l'heure était venue de donner un nouvel essor aux colonies pénitentiaires en mettant en œuvre le régime inauguré par la loi du 31 mars 1854. »

Ce décret, en effet, augmenté et complété par le décret disciplinaire du 18 juin 1880 et par la décision ministérielle du 16 janvier 1882, a largement interprété et développé la loi fondamentale, en même temps qu'il a fixé toutes les règles annoncées et promise dès 1854.

Un caractère spécial distingue la tentative de colonisation pénale inaugurée par cette loi, de toutes les tentatives du même genre faites en d'autres temps et d'autres pays ; c'est qu'au lieu d'être abandonnée en quelque sorte au hasard, elle se continue suivant une méthode nettement conçue et soigneusement arrêtée.

Aussi bien les précédents historiques n'ont-ils pas en cette matière une autorité assez directe pour que nous nous y arrêtions — Notamment quoique l'histoire de l'Australie, la formation et le développement de ce pays neuf, soient des plus récents, il s'est formé à ce sujet une véritable légende.

La transportation en Australie, est devenue une sorte de modèle, d'idéal avec lequel il semble qu'on

veuille décourager la transportation française et
donner une nouvelle force à cette maxime si pro-
fondément fausse aujourd'hui que la France n'est
pas un pays colonisateur.

« En réalité l'Angleterre, comme le dit très juste-
« ment M. Léon Faucher, n'a procédé que par ex-
« pédients successifs dans la transportation selon les
« exigence de sa situation, et n'a jamais poursuivi
« le développement progressif d'un plan de déporta-
« tion et de colonisation de ses condamnés, mûre-
« ment délibéré et arrêté dans la pensée du Gou-
« vernement. » (1)

En 1787, inquiets du nombre des convicts qui
depuis l'indépendance de l'Amérique, s'amassaient
sur les pontons, ils imaginèrent d'en déposer quelques-uns dans un coin d'un pays encore à peu près
inconnu, l'Australie, où il les abandonnèrent en leur
laissant des outils et des vivres. Beaucoup de convicts gagnèrent les forêts voisines où ils furent pour-
suivis, chassés et traqués comme des bêtes fauves ;
mais les moins mauvais d'entr'eux pressés par la
famine se mirent à travailler, et comme d'autre part
ils avaient à leur tête un gouverneur, Philips
d'une énergie et d'une valeur exceptionnelles, la

1. L. Faucher.-Etudes sur l'Angleterre. T. II. p. 316

colonie résista tant bien que mal aux dures épreuves dont elle fut assaillie.

Néanmoins, malgré le rare génie de Philips et de quelques-uns de ses successeurs, malgré les aptitudes coloniales reconnues au peuple anglais, une colonisation pénale jetée dans un pays lointain avec une si téméraire insouciance ne pouvait vraiment pas prospérer.

Après cinquante ans d'occupation, voici quels furent les résultats constatés par l'enquête dirigée en 1837 par un comité de la chambre des communes.

Les convicts étaient livrés assignés (*bound men*), aux colons libres qui en trafiquaient comme d'un bétail avec une cruauté qui souleva le dégoût et l'indignation dans la métropole, ce pendant qu'au parlement les plus illustres orateurs de l'Angleterre prononçaient contre l'esclavage des noirs, les discours les plus touchants du monde.

Aussi les exemples d'amendement et de retour au bien étaient-ils fort rares parmi les convicts exaspérés d'un tel régime, et malgré le fouet, la bastonnade et les plus rudes châtiments, malgré les rigueurs d'une répression poussée jusqu'à la cruauté, le nombre des crimes et des récidives allait croissant en Australie. (1)

1. De Blosseville. T. I. Michaux de Tocqueville.

« A voir cet immense flux d'actions criminelles, on croirait que toute la colonie est en mouvement vers la cour de justice » (déposition du juge Burton devant le grand jury de Sidney, enquête de 1838).

« Ce système a été effroyable, disait lord Grey à la tribune, et c'est une honte qu'un tel système ait pu exister sous le pavillon anglais. »

Malgré le trafic dont ils étaient victimes, la plupart des transportés retombaient à la charge de la métropole (1), et les Anglais, nation essentiellement pratique, manifestèrent leur mécontentement de payer pour entretenir un état de choses qui n'était pas seulement effroyable et honteux, mais en outre très onéreux. (V. not. 1867, p. 55).

Une véritable campagne fut ouverte et menée contre la transportation.

L'assignation des condamnés aux colons fut immédiatement supprimée, et quelques années plus tard, en 1847, quand lord Grey devint ministre des colonies, il proposa et fit voter par le Parlement un bill qui réglementa définitivement la transportation des convicts et divisa l'accomplissement de la peine

1. Report of the directors of convict's prisons. — Report from the select commitee of the house of commons on transportation, by Molesworth chairman of the committee. (Hansard Londres, 1838). Colonial constitution of the constitutional history and existing governments of the British dépendencies.

en quatre périodes : 1° d'abord un emprisonnement cellulaire de quelques mois, neuf au plus ;

2° Un temps d'épreuve (probation) sur des chantiers publics formés dans les principaux ports d'Angleterre. C'est cette période d'épreuve que la loi anglaise appelle servitude pénale ;

3° Quand le condamné obtient de bonnes notes, il peut être transporté en Australie et libéré sous condition : (with a ticket of leave) ;

4° Enfin il peut racheter sa liberté avec le pécule gagné par son travail pendant le temps de la libération conditionnelle.

Assurément, comme l'observe M. Michaux, la gradation est bien ménagée, et le Parlement, en se décidant enfin à régler l'application de la peine, avait été bien inspiré ; mais la loi, si excellente qu'elle fût, avait le grave défaut de venir trop tard. On peut dire seulement que si elle avait été pleinement appliquée, elle avait chance de produire de bons résultats.

Les colons australiens refusaient obstinément de recevoir des convicts.

Reprise en 1849 dans l'île de Van Diemen, la transportation dut y être abandonnée trois ans plus tard, et la seule partie de l'Australie qui resta ouverte aux convicts fut l'Australie occidentale (1).

1. Ribot, 1873. Revue des Deux-Mondes.

Même dans cette colonie, la transportation anglaise ne saurait servir de modèle. D'une part, les colons avaient exigé qu'on ne leur envoyât que les moins mauvais des convicts, des hommes jeunes, énergiques, susceptibles de fournir une main-d'œuvre à bas prix, en sorte que la transportation, après le bill de 1847, fût considérée exclusivement comme une faveur, une récompense, un adoucissement de la peine, et telle n'est pas en France la conception de la transportation, encore moins de la relégation. D'autre part, lorsque quelques années plus tard des mines d'or furent découvertes en Australie, un nombre considérable d'émigrants s'en vint y chercher fortune ; l'élément pénal n'y fut pas seulement encadré, mais absorbé et fondu.

En résumé, la transportation pénale a réussi, non point parce que la méthode anglaise était bonne, mais parce qu'il s'est trouvé que l'Australie était un pays riche, assez séduisant pour attirer, non pas seulement d'Angleterre ou d'Irlande, mais de tous les pays du monde, les gens en quête d'aventure et de fortune.

Que serait aujourd'hui l'Australie si la découverte des immenses prairies qui s'étendent au delà des Montagnes bleues n'avait inspiré à quelques colons anglais la hardiesse d'aller s'établir au milieu d'une population presque entièrement formée d'anciens malfaiteurs?

Nous pensons que la colonisation pénale y aurait échoué piteusement. Pendant de longues années, la transportation en Amérique d'abord, en Australie ensuite, était pour l'Angleterre ce que la peine des galères était pour la France sous l'ancien régime, un moyen de débarras, un expédient pour supprimer des individus gênants et dangereux. Elle n'a été soumise à un plan méthodique que quand elle toucha à ses derniers jours. Elle doit son succès à la fertilité merveilleuse du sol, aux mines d'or, à la population libre qui, par sa puissance et sa richesse, réduisit et absorba l'élément pénal.

Or, ces conditions matérielles de succès n'existeront jamais pour nous.

La Guyane est un pays très riche, mais elle a trop mauvaise réputation pour attirer les colons libres, et quoique les dangers de son climat aient été singulièrement exagérés, de fréquentes épidémies en rendent le séjour funeste aux Européens.

Quant à la Calédonie, son climat est excellent mais la terre y est d'une fertilité médiocre ; elle est d'ailleurs d'une étendue fort limitée : 270 kilomètres de long sur 55 de large.

Les statistiques émanées du ministère de l'intérieur (1) constatent il est vrai que depuis quelques

____

1. Journal Officiel, 10 novembre 1888, 20 novembre 1888. Statistiques du Ministère de l'Intérieur.

années, et notamment depuis 1884, le nombre des émigrants augmente sensiblement.

En 1884 il y a eu 3,761 émigrants.

En 1885,   6,063

En 1886,   8,314

En 1887,   11,170

Malheureusement, la plupart de ces émigrants se dirigent vers l'Amérique du Sud et en particulier vers la République argentine.

Plusieurs députés ont récemment dénoncé à la tribune le trafic des agences d'émigration. Il y a quelques années, disait un ancien ministre, les émigrants pour l'Amérique du Sud étaient de 8, à 10,000, en ne comptant que ceux dont l'exode est officiellement constaté au Ministère de l'Intérieur.

Cette année il y en a eu 20,000.

En outre, actuellement encore, l'expatriation est une décision désespérée dont on ne s'avise en France qu'après avoir épuisé ses dernières ressources. N'ayant ni connaissances, ni capitaux, la plupart des colons qui arrivent dans nos colonies pénitentiaires n'y peuvent rendre de grands services.

Sans doute les difficultés de l'existence, la diffusion de l'instruction créant de plus grands besoins, auront pour effet de modifier nos mœurs ; de forcer les jeunes gens à regarder par delà les frontières et de former une génération qui aura les mêmes désirs et les mêmes audaces que ces cadets de famille, instruits, aventureux, qui, sous l'ancien régime, ont porté à tous les coins du monde, la fortune et le nom de la France.

Mais pendant longtemps encore, avant que cette transformation se fasse dans les mœurs, les colonies pénitentiaires ne doivent pas compter sur le concours de l'émigration libre.

« Etant donnée une terre à peu près inoccupée, c'est-à-dire une terre où l'on ne trouve ni société ni capitaux, ni établissement, ni industrie, il faudra que la transportation produise tout cela, et qu'on puisse faire sortir d'elle une société complète de tous points. »

En un mot les développements et les progrès que l'Angleterre a réalisés en Australie au moyen de la colonisation mixte, la France, pendant longtemps encore, ne pourra les poursuivre que par la colonisation pénale.

Telle est en pratique la différence fondamentale de ces deux colonisations, conçues et combinées dans un esprit et d'après un plan complètement opposés.

1. Notice 1867, p. 23.

CHAPITRE III

RÉGIME DISCIPLINAIRE ET ORGANISATION DU TRAVAIL

L'administration pénitentiaire dirige dans les colonies l'exécution de la peine des travaux forcés sous les ordres et le contrôle du département de la marine.

Cette administration a un budget particulier et une armée de fonctionnaires (notice 1887 p.55 et s,).Les décrets rendus en exécution de la loi de 1854 ont conféré à ses chefs au Gouverneur de la colonie et au directeur, des attributions multiples qui leur permettent à leur gré d'adoucir ou d'aggraver la peine.Il importe en effet que l'administration ait des pouvoirs très étendus, « elle ne sera jamais trop indépendante,éloignée qu'elle est de la mère patrie, » dit avec raison M. Leveillé. (Réforme pénitentiaire).

L'art.2 de la loi de 1854 dispose que les condamnés seront astreints aux travaux les plus pénibles mais à la différence du code de 1791 (art. 6, loi 25 septembre, 6 octobre 1791) cet article ne définit pas ces travaux. Il appartient donc à l'administration de décider librement, comment sera exécutée la période de répression et quels seront ces travaux pénibles exigés par la loi.

Tout d'abord en débarquant, les transportés sont conduits provisoirement dans un camp, où pendant qu'ils se reposent des fatigues et émotions de la traversée, on leur compose un trousseau, et l'on effectue un premier classement (not. 1884, p. 73).

- Ils sont divisés en 5 classes déterminées d'après la situation pénale, l'état moral, la conduite et l'assiduité au travail (art. 1ᵉʳ décret 18 juin 1880)

Les condamnés qui ne sont pas récidivistes sont placés dans la 4ᵉ classe, les récidivistes dans la 5ᵉ.

Si le condamné est travailleur et bien noté, il peut après un délai minimum de 6 mois passer à la classe supérieure, sur la proposition du directeur approuvée par le Gouverneur (article 9).

En première classe, ils peuvent obtenir une concession de terrain ou être employés par les habitants de la Colonie, ou rester dans les chantiers et ateliers publics comme contre-maîtres (article 2).

En outre l'administration peut alors autoriser leur famille à les rejoindre, s'ils ont des ressources suffisantes pour l'entretenir.

En 1ʳᵉ et 2ᵐᵉ classe, ils touchent un salaire (1).

---

1. Arrêté du 14 septembre 1880 ; 27 août 1881 (p. 324. not. 80. 1.).

En 3me classe ils n'en reçoivent qu'à titre de récompense : en général 20 ou 25 centimes. En 4me classe ils ne touchent rien et peuvent seulement avoir des gratifications de vin ou de tafia (art. 1er).

Dans ces ateliers et ces chantiers ils ont une grande liberté, ils vont à l'ouvrage par escouades et comme il n'y a qu'un gardien pour 25 hommes, la surveillance n'est pas pour eux une gêne excessive, puis ils rentrent à l'heure des repas. Ayant pour salaire jusqu'à 40 et 50 centimes par jour en première classe, recevant en outre de l'argent de leurs familles ils sont toujours approvisionnés de tabac et d'eau-de-vie.

Ces malfaiteurs ne sont vraiment pas très malheureux, ils travaillent mollement, au grand air, fument, boivent et causent entr'eux jusqu'à ce que la nuit arrive.

La nuit on les enferme ensemble dans des cases où la surveillance devient presque impossible.

L'article 5 du décret de 1880 dit que les condamnés de la 4me classe « sont astreints au silence et isolés la nuit » mais le texte ajoute « si les locaux le permettent. »

Or les locaux ne le permettent pas et, en pratique, seuls les condamnés de la 5me classe sont séparés.

L'article 10 ajoute que chaque classe peut être divisée en catégories par arrêté du gouverneur.

« A défaut de l'isolement individuel que les locaux de la transportation ne permettent pas d'établir, on a cherché à opérer au moins l'isolement des groupes et à éviter la contamination due au contact des natures dépravées, des récidivistes par exemple, avec celles qu'une seule faute a fait déchoir et dont la réformation est encore possible » (1).

En réalité, grâce à l'insuffisance des locaux, il faut reconnaître qu'il existe dans les pénitenciers coloniaux une promiscuité à peu près complète : « Belle « théorie, dit M. Moncelon, *op. cit.* p. 24, mauvaise « application. Nous avons vu, nous, toutes les clas- « ses du bagne mélangées, employées aux mêmes « travaux, sur les mêmes chantiers »

La même constatation a été faite par M. Denis (2) ancien sous-directeur à la Nouvelle-Calédonie.

D'autre part, le régime disciplinaire auquel sont soumis les condamnés n'est certainement pas assez sévère : la peine suprême est le cachot, elle ne peut être prononcée que pour un mois et par décision du gouverneur rendue sur un rapport du directeur (art. 19 et 23 T. II, décret du 18 juin 1880).

Le condamné au cachot est mis au pain sec ; il n'a ni vin ni tafia ; il est enchaîné à la double chaîne ou à la double boucle. Voilà qui est sévère ; malheu-

1. Rapport précédant le décret de 1880.
2. *Nouvelle revue*, A. 1884.

reusement, il n'y a pas de cachot, l'architecte ayant oublié d'en construire.

Après le cachot, vient la cellule qui peut être infligée pour deux mois : l'architecte n'a pas commis d'omission ; il a construit des cellules assez fraîches et propres pour que les condamnés soient à l'aise, mais trop obscures et petites pour qu'ils y puissent travailler.

Théoriquement, en vertu de l'article 16, les condamnés à la cellule « sont astreints au travail. »

En pratique, ils sommeillent sur le lit de camp ; et dans les pénitenciers, la cellule au lieu d'être une peine est envisagée comme un moyen de repos, qu'on obtient d'ailleurs avec la plus grande facilité, car il suffit pour y avoir droit de dire une grossièreté, ou d'adresser une menace à un fonctionnaire quelconque (art. 16).

Les peines corporelles ont été supprimées par le décret de 1880.

Auparavant elles n'étaient que rarement appliquées et généralement en punition d'actes d'immoralité ou de tentatives d'évasion.

On peut penser, comme l'affirmait M. Schœlcher à la tribune du Sénat, que la bastonade « déprave à la fois le patient et le bourreau, et inspire au supplicié des pensées de désespoir et de vengeance ».

1. Denis, p. 197.

En effet, l'affolement produit sur les condamnés par l'application de cette peine a été constaté notamment en Australie et en Sibérie.

Mais les mœurs au bagne, sont horriblement corrompues : pendant la nuit, la surveillance des cases où les condamnés sont enfermés pêle-mêle, étant à peu près impossible, l'immoralité est tellement monstrueuse, que malgré les arguments philosophiques des adversaires des peines corporelles, il est peut-être permis de regretter qu'au moins contre des délits de cette nature, on ait désarmé l'administration.

Les autres punitions disciplinaires, comme la privation de vin et de tabac, peuvent facilement être éludées et quant aux peines prononcées par les conseils de guerre, comme elles ne peuvent être exécutées qu'après l'expiration de la condamnation aux travaux forcés, peine principale, ces condamnés ne les redoutent pas.

« L'arrêt, dit M. Leveillé, semblera toujours à ces cyniques une sentence fictive, puisque s'il opère jamais, il opérera dans un très lointain avenir. » (1)

La peine de mort est rarement appliquée, par ce que la décision présidentielle ne peut être connue du condamné que 7 ou 8 mois après sa condamnation à mort. Il y aurait lieu de rendre au gouverneur le droit de laisser la justice suivre son cours, droit

1. Page 14 et 15. *op. cit.*

que lui avait conféré le décret du 12 décembre 1874
et qui lui fut enlevé depuis 1880.

Les transportés sont condamnés par les conseils
de guerre à la réclusion ou à de nouvelles années de travaux forcés sans que cet accident trouble
leur existence aux pénitencier. Cependant l'administration pénitentiaire sait et dit elle-même (notice
1877 p.165) que les « natures violentes comme celles
qui peuplent nos établissements pénitentiaires...
manifestent une répulsion profonde pour le régime
rigoureux des maisons centrales... »

Ainsi l'expérience a révélé que l'incarcération
continue était la peine la plus redoutée des transportés ; tous les criminalistes sont d'accord pour constater que le législateur de 1854 a sur ce point commis une omission, que la répression est insuffisante,
qu'il est inadmissible qu'une première peine soit
un abri contre d'autres et un moyen d'impunité.

Mais jusqu'ici on s'est borné à constater et à dé-
plorer le mal. Toutefois, en 1881, on a été jusqu'à
manifester l'intention d'y remédier.

A cette époque le ministre de la marine porta la
question au Conseil des Ministres :

« Le Conseil, dit-il, (p. 314, notice 88), a reconnu
sans hésitation que la peine des travaux forcés
étant la plus élevée parmi les peines privatives de
liberté impliquait naturellement le droit absolu

pour l'administration de retirer toute liberté à celui qui en était frappé..... qu'en conséquence il était loisible au département de la marine de revenir à l'application du principe d'incarcération, du moment que la sûreté publique en faisait une nécessité. »

En conséquence le ministre donna des ordres pour la construction d'une maison de force où seraient enfermés tous ceux qui auraient été condamnés par les tribunaux pour de nouveaux crimes.

« Cette maison, ajoutait-il, serait soumise au régime disciplinaire des maisons centrales de réclusion sans préjudice des aggravations répressives que le règlement disciplinaire du 18 juin 1880 autorise. »

Quelques mois après, le nouveau ministre des colonies envoya des instructions absolument contraires; d'abord parce que la construction d'une maison de correction aurait couté 200.000 fr.

En outre, ajoutait le ministre, « je considère l'internement permanent des condamnés aux travaux forcés comme étant en opposition avec la lettre comme avec l'esprit de la loi de 1854. »

Assurément, malgré l'avis du Conseil des ministres, il est contraire aux principes du droit pénal de suspendre les travaux forcés par l'application de la réclusion, de l'emprisonnement ou de toute autre peine inférieure en gravité, théoriquement ; mais il est regrettable que la loi de 1854 n'ait pas été modifiée sur ce point.

Pour ne pas dépenser 200,000 fr. et aussi pour ne pas proclamer officiellement ce que chacun sait, c'est-à-dire : « que la transportation est une peine moins pénible et moins intimidante que la réclusion ou l'emprisonnement » un ministre a retiré des mains de l'administration l'arme reconnue comme la plus efficace contre des malfaiteurs incorrigibles. Ce qu'un ministre allait donner, un autre l'a ôté, en ordonnant à l'administration de ne point se servir « d'autres mesures coercitives que celles prévues par le décret du 18 juin 1880. » (1)

Or, comme nous l'avons montré, parmi ces mesures disciplinaires, les unes sont insuffisantes et les autres, par suite du mauvais aménagement des locaux ne peuvent pas même être appliquées. (2)

ORGANISATION DU TRAVAIL

D'après la loi de 1854, les transportés sont astreints au travail. Ils doivent être employés aux travaux les

1. Page 328, note 2-3.
2. Toutefois la notice de 1888 qui vient d'être publiée contient une dépêche du 31 mai 1885 ordonnant que les condamnations encourues par les condamnés aux travaux forcés soient subies dans un établissement pénitentiaire spécial (not. 1888, p. 7).

plus pénibles de la colonisation, et à tous les autres travaux d'utilité publique (article 2).

En pratique les uns sont affectés aux travaux publics ; les autres sont répartis dans des pénitenciers
agricoles, où ils sont employés aux travaux ruraux
et dans des chantiers où ils apprennent différents
métiers manuels.

Cette organisation des ateliers et des pénitenciers
a le défaut de coûter très cher, mais elle est le point
de départ de l'œuvre même de la colonisation pénale.

En effet, comme il n'y a dans nos colonies ni capitaux, ni commerce, ni industrie, et que, d'autre
part, les colons libres, pendant longtemps encore,
n'y viendront qu'en petit nombre et sans grandes
ressources, il faut comme le dit le notice de 1867
(page 26) « que la transportation fasse sortir d'elle
une société complète de tous points, sans quoi les individus transportés que l'achèvement de leur peine
rend à la liberté n'auront d'autre parti à prendre,
pour ne pas mourir de faim, que de rester en prison ; alors l'œuvre s'arrêterait faute de moyens et
n'aurait rien produit. »

Les transportés, malfaiteurs d'accident, sont considérés a priori, comme étant susceptibles d'amendement, capables de devenir des colons. En conséquence il est logique de préparer ces futurs colons

au rôle qui leur est destiné, de façon à ce qu'il trouvent dans leurs rangs la main d'œuvre et les aptitudes professionnelles nécessaires pour coloniser. C'est en forgeant qu'on devient forgeron, dit un vieux proverbe. Il est clair que c'est seulement dans des ateliers ou des chantiers que les condamnés peuvent acquérir comme ouvriers ou agriculteurs, les connaissances indispensables aux différents métiers qu'ils pourront ensuite exercer librement.

En résumé, que les condamnés soient occupés aux travaux publics, ou répartis dans les ateliers et chantiers, leur sort n'est pas rigoureux; même pendant la période répressive, il est beaucoup moins dur que s'ils n'avaient été condamnés qu'à la réclusion ou à l'emprisonnement.

Le temps, pendant lequel ils sont astreints aux travaux publics, est considérablement écourté. Beaucoup d'entr'eux, il y a quelques années, en étaient même complètement détournés par les fonctionnaires, lesquels estimant, d'ailleurs non sans raison, que leur existence en Calédonie est médiocrement gaie, trouvaient à leurs ennuis une légère compensation, en se faisant servir par des domestiques nombreux, empressés et gratuits.

Cet abus a été supprimé par des ordres qui ont été obéis autant que peuvent l'être des ordres lancés à 6,000 lieues de distance.

Cette interversion dans l'échelle des peines a eu de funestes conséquences en France et dans la colonie. En France, comme d'autre part la peine de mort est rarement appliquée, et passée presque à l'état de pure menace, il s'ensuit que, dans notre législation pénale actuelle, les crimes les plus graves sont précisément les crimes les moins gravement punis. Dans la colonie, car n'étant pas malheureux dans les pénitenciers ou sur les chantiers les transportés n'éprouvent pas le besoin d'en sortir, beaucoup d'entr'eux après avoir essayé la vie laborieuse et fatigante, les gains aléatoires du colon, abandonnent au plus vite leur concession, pour rentrer au pénitencier où ils retrouvent une existence tranquille et des salaires assurés.

L'adoucissement excessif de la répression et les dangers de la promiscuité sont donc le vice capital du régime disciplinaire réglementé par le décret du 18 juin 1880 et suffisent pour compromettre dès ses premiers pas l'œuvre de la colonisation pénale.

La curieuse expérience tentée par l'amiral Pallu de la Barrière qui, répudiant toute sévérité, gouverna les forçats avec une extrême douceur et chercha, comme on dit vulgairement mais avec beaucoup de justesse, à les prendre par les sentiments, est une preuve péremptoire que si la bonté et la modération sont le meilleur moyen de rame-

ner au bien quelques âmes tourmentées, elles constituent quand on en use d'une façon systématique
et absolue, le meilleur moyen pour relâcher la discipline et duper la société au profit des forçats.

En vérité l'administration ne peut dompter les
malfaiteurs surtout au début que par une ferme sévérité et n'en sauver complètement quelques-uns
qu'en leur évitant tout contact avec la foule de
ceux chez qui la corruption est un invincible mal.

Il suffirait de rectifier la première période de
l'exécution de la peine pour que la transportation
reprenne dans l'échelle des peines sa véritable
place, et devienne sévère et intimidante, sans
cesser cependant d'être moralisatrice.

La faute n'est pas dans la loi mais plutôt dans
l'application qui en a été faite.

La transportation est une peine à double aspect.
Nous n'avons pu examiner le premier, c'est-à-dire
la période de répression, que très superficiellement,
ayant hâte d'arriver au second, à l'amendement et
à la récompense de l'amendement, en un mot au
véritable objet de cette étude, et de considérer le
transporté d'abord soustrait provisoirement à l'application de sa peine, ensuite libéré définitivement,
transformé en colon, autant que possible, père de
famille, et de forçat redevenu homme libre, quelquefois même honnête homme.

DEUXIÈME PARTIE

AMENDEMENT ET RÉCOMPENSE

DE L'AMENDEMENT DES CONDAMNÉS

CHAPITRE IV

CONSTITUTION DE LA FAMILLE

« L'administration, dit la première notice offi-
cielle, doit se préoccuper de donner au condamné
une situation morale qui influe sur ses idées, sur
son caractère, de façon à favoriser son retour au
bien, le réconcilie avec les principes sociaux qu'il a
violés, et lui crée même un intérêt à ce que ces
principes soient maintenus et respectés » (1).

Elle a cherché et poursuivi ce résultat par la cons-

1. Page 27.

titution de la famille, la création de la propriété et la restitution de certains droits privés et publics au profit des transportés. (1)

D'abord par la constitution de la famille.

Il est certain, en effet, qu'une femme et des enfants, mieux que tous les gendarmes et agents de police, protègent le mari et le père contre les tentations de la récidive.

La première difficulté de la constitution de la famille, dans les colonies pénitentiaires, est la disproportion numérique des sexes. Il y a un très petit nombre de femmes, non seulement par ce que le nombre des femmes condamnées est inférieur à celui des hommes (en 1885, 3.687 hommes et 620 femmes ont été condamnés pour crimes. En 1886, 3684 hommes et 593 femmes. En 1887. 3634. hommes et 541 femmes) (2) mais aussi par ce que l'article 4 de la loi du 30 mai 1854 dispose que : « les femmes condamnées aux travaux forcés pourront être conduites dans un des établissement créés aux colonies, » et qu'il résulte des termes de cet article que l'administration pénitentiaire a la facilité de ne point priver la métropole des femmes condamnées. — Les femmes ont donc cet avantage sur les hommes, de pouvoir en

____

1. Page 40,
2. *Statistiques du Ministère de la justice.*

général, choisir le mode d'application de leur peine et opter entre la réclusion dans les prisons centrales ou l'internement dans les colonies.

Après leur condamnation les femmes sont enfermées dans l'une des prisons centrales qui leur sont destinées.

Plusieurs fois par an, l'inspectrice générale des prisons, seule, ou assistée de deux inspectrices adjointes, reçoit du ministère de l'intérieur la mission de visiter ces prisons, et d'y choisir, parmi les prisonnières de bonne volonté, celles qui présentent quelques garanties de santé et de moralité suffisantes pour jouer un rôle utile dans les colonies. Très peu de femmes répondent à cet appel.

En général, elles ne partagent pas, sur les séductions de la vie coloniale, les opinions optimistes qui, avant la loi de 1880 réprimant les crimes commis en prison, poussaient tant de malfaiteurs à commettre quelque nouveau méfait pour avoir droit à la transportation.

Depuis 1852 jusqu'au 31 décembre 1884 ; 34,412 hommes et 468 femmes seulement ont été transportés en Guyane (1).

Depuis 1864 jusqu'au 31 décembre 1884 ; 15,436

1. Notice 84, p. 95 et 96.

hommes et 487 femmes ont été transportés en Calédonie.

A leur arrivée en Calédonie, les femmes transportées sont enfermées à Bourail dans un couvent dirigé par les sœurs de Saint-Joseph de Cluny, lesquelles, au dire d'un voyageur envoyé en mission dans la Calédonie, « ont bien des misères à supporter de la part de ces créatures. » (1)

Les femmes, enfermées dans le couvent, y sont soumises à peu près au même régime que dans les maisons centrales. Le travail y est obligatoire ; mais ce qui distingue le couvent de Bourail de tous les autres établissements pénitentiaires et aussi de tous les couvents, c'est qu'on y prépare les pensionnaires au mariage. Les sœurs de Saint-Joseph ont la difficile et délicate mission de purifier le cœur de leurs misérables élèves, et de les préparer, le plus complètement possible, au rôle d'épouse et de mère de famille.

Quand un convoi de femmes arrive dans la colonie, l'administration prévient de cette bonne nouvelle les condamnés et les libérés.

Non seulement les libérés, mais encore les transportés en cours de peine, qui étant arrivés en première classe ont mérité d'être mis en concession

1. Lemire, Nouvelle-Calédonie, p, 91.

provisoire, peuvent se mettre sur les rangs et briguer le mariage.

La façon dont ils font leur cour à leur future épouse est naturellement très rudimentaire. Introduits dans le parloir du couvent, ils considèrent à travers une grille les pensionnaires aptes au mariage. La présentation étant faite, la conversation s'engage sous la surveillance d'une religieuse. Par crainte de supercherie, l'administration révèle à chacun des fiancés leurs antécédents judiciaires, et, malgré les cruelles révélations du casier judiciaire, « s'il y a, comme dit M. Moncelon, sympathie, élans mutuels, le mariage est décidé, et se fera dans les délais voulus par la loi. »

En général, ces mariages n'ont pas produit un aussi piteux résultat qu'on aurait pu l'attendre de la mauvaise qualité des époux. Assurément ils ont quelquefois mal tourné et occasionné, comme dit la notice de 1867, de fâcheux accidents : A vrai dire, l'écueil le plus fréquent de ces unions est la tentation qu'ont les maris de trafiquer de la prostitution de leurs femmes. L'occasion est tentante pour eux dans un pays comme la Calédonie, où les femmes étant rares, peuvent être l'objet d'une fructueuse exploitation. Tous ceux qui ont voyagé au milieu

____

1. Moncelon, p. 116-117.

des concessions assurent que ce n'est pas la terre qui rapporte le plus aux forçats.

Les unions contractées avec des filles condamnées pour infanticide ont généralement mieux réussi que les autres, et cette observation faite dès le début de ces expériences conjugales a depuis été toujours confirmée. (Notice 1877, p. 46 et s.)

Un éminent magistrat autrefois directeur des grâces au ministère de la justice, M. Babinet, a, dit-il, « voulu vérifier, par des exemples bien choisis, l'influence que la transportation a pu exercer sur des êtres réellement, et suivant toute apparence, irrémédiablement dégradés. » (1)

Or, des 29 femmes sur lesquelles a porté l'examen de M. Babinet, et qu'il cite comme des exemples merveilleux de régénération, 20 avaient été condamnées pour infanticide, 9 seulement pour d'autres crimes.

Les notices officielles disent que ces expériences conjugales ont quelquefois réussi, et cette affirmation n'a pas été démentie par les voyageurs d'esprit impartial qui ont visité la Calédonie.

Ainsi, prendre deux malfaiteurs et les unir ensemble, ou depuis le rétablissement du divorce, avec les débris de deux mauvais ménages en for-

(1) Not. 1877 p. 49 et suiv.

mer un bon, tel est le problème étonnant résolu par l'administration. Un pareil résultat est fait pour surprendre beaucoup et un peu pour encourager. Mais si fortement encouragée que soit l'administration pénitentiaire, elle ne peut oublier que ce succès relatif s'explique uniquement par le petit nombre des expériences tentées.

Au 31 décembre 1884, le nombre des ménages formés ainsi en Calédonie, était de 166, en Guyane 79.

En 1882, il y en avait 123 en Calédonie, 91 en Guyane.

En 1880, 90 en Calédonie, 98 en Guyane. (Notices 83, 82, 83, 80, p. 114 et 115).

On conçoit, en effet, qu'en risquant cette expérience conjugale sur un très petit nombre de sujets, élus après un double choix, l'un dans la mère patrie, l'autre dans la colonie, l'administration ait pu s'entremettre avec succès ; mais, pour peu qu'elle élargisse le cercle de ses expériences, elle s'exposerait à un inévitable échec.

Unir entre eux des malfaiteurs, c'est, comme on l'a dit très justement, pratiquer la sélection en sens inverse. Les enfants nés d'un assassin et d'une voleuse ne peuvent évidemment avoir ni l'éducation, ni des instincts aussi bons que si leurs parents

---

1. Lemire, p. 264.

avaient toujours été honnêtes et travailleurs. Le phénomène de l'hérédité paraît dominer l'espèce humaine, comme tout le règne animal.

« Bien que les preuves en faveur de l'hérédité semblent assez obscures, quand on s'attache aux détails, à cause des innombrables différences des parents et des ancêtres, lesquels ont chacun une part d'influence variable dans chaque nouveau produit, — cependant, si l'on examine l'ensemble, l'évidence est accablante. » (1)

Les médecins ont observé que quand la mauvaise influence de l'un des conjoints n'était pas contrebalancée par l'autre, les lésions du cerveau et les maladies, non seulement étaient transmises, mais s'aggravaient encore chez les descendants ; en d'autres termes, l'hérédité, disent-ils, est cumulatrice. Or, il est exagéré d'affirmer, comme fait l'école italienne(2), que les criminels sont des malades, et que les assassins présentent les caractères propres aux races préhistoriques, caractères qui ont disparu chez les races actuelles, et qui reviennent chez eux par une sorte d'atavisme (3). Mais on peut soutenir

1. Spencer. Introduction à la science sociale, p. 162..
2. Lombroso. Ferri. L'uomo delinquente. Dei limiti fra diritto pénale ed antropologia criminale. *Revue du droit international*, t. XII.
3. Lubbock. *Traduction francaise.*

qu'en dehors des criminels d'occasion, beaucoup de malfaiteurs sont des individus maladifs, dans l'organisme trouble desquels il est encore impossible de déterminer où finit la raison et commence la folie. (1)

Leurs descendants seront donc ce que la science médicale appelle des êtres impulsifs voués presque fatalement au désordre et au crime.

Aussi bien, alors même que ces unions semblent réussir, faut-il souhaiter qu'elles ne fournissent pas une nombreuse postérité. Ce souhait d'ailleurs en fait est réalisé : d'abord ces mariages, ne sont pas très fréquents.

Non seulement peu de femmes sont transportées, mais toutes ne consentent pas naturellement à se marier.

En 1876, 8 mariages ; en 1877, 26 ; en 1883, 24 mariages ont été ainsi conclus entre condamnés.

En outre généralement ces mariages demeurent stériles, ou la plupart des enfants qui en naissent meurent en bas âge. (2)

1. *Revue expérimentale de phrénologie et de médecine légale,* en rapport avec l'anthropologie et les sciences juridiques, (revue fondée à Reggio par le professeur Livi.) Le professeur Lombroso de Turin avec MM. Ferri et Garolafo, est aujourd'hui le chef de cette école qui par l'application des sciences expérimentales tente de renouveler la science pénitentiaire.

2. Rapports médicaux. Docteurs Ducret, Orgeas *de la colo-*

Par conséquent les mariages entre condamnés comme mode de la constitution de la famille, ne pourront jamais fournir à l'œuvre de la colonisation qu'un appoint limité, et n'y pourront jamais jouer qu'un rôle insignifiant.

Ils resteront sans doute dans cette œuvre comme exemple d'une expérience hardie et curieuse à plusieurs titres, plutôt que comme une véritable solution.

Un deuxième moyen d'organiser la famille dans les colonies pénitentiaires consisterait à marier, à croiser les condamnés avec les femmes indigènes. La race française à qui l'on conteste l'aptitude colonisatrice est peut-être la seule qui ait réussi à se mêler aux populations indigènes sans cependant s'y fondre ni s'y absorber comme ont fait notamment les Allemands en Amérique.

Même abandonnés de la métropole, les colons d'origine française au Canada, ont conservé les mœurs, le langage, le génie national, en même temps qu'ils s'unissaient, se mêlaient aux races aborigènes (1) et réussissaient à se les assimiler.

nisation de la Guyane par les Européens. De Lanessan. Expansion coioniale de la France.

1. La descendance des immigrants français a atteint au Canada le chiffre de plus d'un million et demi d'hahitants. D'après le calcul du gouvernement anglais peu suspect en

Cette robuste souplesse de notre race est une qualité d'autant plus précieuse pour la colonisation, que dans les pays chauds comme la Guyane, redoutables aux Européens tant que l'insalubrité du sol n'a pas été corrigée par l'industrie humaine, le meilleur moyen d'établir et de maintenir la race blanche paraît être de la croiser avec les races autochtones.

Sur ce point comme sur quelques autres la science médicale n'est pas encore fixée. Des médecins déclarent que l'homme n'est pas cosmopolite ; non plus qu'un noir dans les pays froids ou tempérés, un blanc ne peut se reproduire dans le pays chauds; à la deuxième ou troisième génération au plus tard la race s'éteint, et si à force de précaution et d'hygiène : « l'acclimatation individuelle est possible, l'acclimatement de la race ne l'est pas. » (1)

D'autres, tiennent pour le cosmopolitisme de l'homme, mais l'opinion la plus plausible est celle des médecins qui affirment que le plus sûr moyen pour la race blanche de s'acclimater et de se perpétuer

parcille matière, le recensement de 1879 signale 1.082.940 habitants d'origine française. En 1880, 1.278.927.

1. Docteurs Rochard, Bertillon, Orgeas. *Contrà* docteurs Treille, Bremand de l'acclimatation des Européens dans les pays chauds. V. acclimatation, *Dictionnaire de médecine et de chirurgie*, v. *Bulletin de la Société des études coloniales et maritimes.* Janv. 1885, p. 27. 1883, p. 406, p. 257.

dans les pays chauds est de s'y mélanger aux races indigènes.

Leur théorie est confirmée par l'histoire de l'Amérique du Sud, du Mexique et des Antilles françaises peuplés de métis espagnols et de métis français ; à l'inverse par l'histoire de la Guyane un des pays où il y a le moins de métis, un de ceux aussi où la colonisation européenne a le plus médiocrement réussi.

Les rapports médicaux dans la colonie, corroborent encore chaque jour cette opinion. En un an « sur 353 enfants blancs nés vivants 117 sont morts dans la première année de leur vie, soit 33 pour cent, tandis que sur 26 enfants appartenant aux autres races (races pures ou croisées) 4 seulement sont morts avant d'avoir un an révolu, soit 15 pour cent. » (1)

Le croisement des races, le métissage, devrait donc être tenté et encouragé en Guyane. Mieux que les mariages entre condamnés qui nécessairement seront toujours restreints et souvent stériles, le mariage des condamnés avec des créoles serait un excellent procédé pour former une race mixte, qui spontanément acclimatée au sol et dégrossie par

____

1: Rapports médicaux. Docteur Orgeas, *Colonisation de la Guyane par la transportation*, p. 104. La *Pathologie des races humaines et le problème de la colonisation*, p. 385, 300 et s.

l'éducation assurerait à la Guyane, peut-être dès la deuxième génération, une utile et solide population de colons.

L'administration jusqu'ici n'a point usé de cette mesure et les notices n'en citent que de très rares exemples.

Par contre elle a dépensé beaucoup d'efforts en pure perte pour acclimater en Guyane les condamnés de race arabe, les y marier et constituer « un centre où mélangé à l'élément européen, l'élément arabe et kabyle pourrait grandir, s'améliorer et prospérer. (1) »

Malheureusement les arabes paraissent être de détestables maris, aucun mariage n'a réussi ; en outre ils ne se résignent jamais à l'expatriation et dans l'espoir de quitter la colonie ou de s'en évader, refusent de travailler (notice 1884. p. 80). (2)

1. Notice 80-81, p. 238 et 287, p. 277. Voir *Extrait du journal algérien*, le Mockaber du 1ᵉʳ août 1882. Notice 82-3, p. 233, p. 251 et 253.

2. Les indigènes de la Guyane sont des indiens appartenant à différentes tribus, dont la plus importante par son nombre et ses relations avec la race européenne est la tribu des Galibis (relations du docteur Crevaux. *Tour du monde* 1881).

Les tribus qui habitent dans l'intérieur des terres sont absolument sauvages, de mœurs primitives, généralement douces sous cette réserve que quelques-unes sont encore ac-

L'administration n'a pas davantage essayé à la Calédonie de croiser les différentes races qui y coexistent. Il est vrai que ce procédé n'a pas dans cette colonie les mêmes raisons d'être qu'en Guyane puisque le climat y est tempéré ; la race blanche peut sans aucune fusion y croître et multiplier ; mais le véritable motif pour lequel l'administration n'a pas tenté de croisements est tiré du caractère et de la situation de la race indigène. La population canaque est évaluée à près de 23,000 habitants mais c'est une race condamnée à disparaître : non point que les Français aient appliqué contre elle la méthode barbare des Espagnols ou des Américains contre les Indiens et les peaux rouges, mais les Canaques étant trop paresseux pour travailler et n'ayant qu'une alimentation insuffisante, sont rapidement décimés par la phtisie et l'alcoolisme. — De plus, les femmes étant considérées comme de véritables bêtes de somme et soumises aux plus pénibles travaux, il s'ensuit que depuis longtemps dans ce pays la mor-

cusées de cannibalisme par les voyageurs. *De l'émigration européenne dans les prairies de la Guyane. Bulletin de la Société de géographie commerciale*, t. VIII, p. 84-85, troisième fascicule, p. 265.

En outre certaines des Iles Antilles ont une population très dense, on pourrait y recruter des femmes qui pourraient mieux que les pensionnaires de Bourail assurer aux condamnés les bienfaits de la famille et les pures joies du foyer.

talité est bien plus considérable chez les femmes
que chez les hommes, si bien qu'aujourd'hui il y a
un très petit nombre de femmes.

Ce qui n'empêche pas les Canaques de pratiquer
la polygamie ; aussi les indigènes n'ont-ils pas pour
eux-mêmes un nombre suffisant de femmes.

Comment les Européens en pourraient-ils trouver ? (1)

Dans d'aussi lointains pays, ceux-ci sont forcés
de ne pas se montrer difficiles sur le choix de leurs
épouses, mais au dire des voyageurs, les Canaques
sont d'une laideur véritablement repoussante et
sur laquelle leurs vêtements primitifs ne permettent même pas un instant d'illusion (2).

De leur côté les Canaques et les néo-hébridais
répugnent à épouser des Européens.

En résumé le croisement des races demeure dif-

1. M. Lemire cite un village de la Calédonie où il compta
en tout trois femmes. Avant l'occupation française, les Canaques partaient souvent en guerre, tribus contre tribus,
pour le même motif qui jadis alluma des querelles entre les
Romains et les Sabins (Bulletin de la Société des études etc.
A. 1885, janvier. p. 112).

2. « Les néo-Calédoniens ou Canaques ont la peau noire,
les cheveux crépus et laineux, le nez large, épaté, les lèvres
épaisses et retournées en dehors, la machoire proéminente,
les pommettes saillantes. » et M. de Lanessan ne craint cependant pas d'ajouter : « les femmes sont beaucoup plus laides que les hommes. »

ficilement praticable en Calédonie et n'a pas encore
été pratiqué dans la Guyane malgré les réels avantages que comporte, au moins en cette dernière colonie, ce deuxième mode de constitution de la famille.

Le 3ᵐᵉ mode, celui dont l'administration pénitentiaire espère avec raison le succès, consiste à réinté-
grer le condamné au milieu de sa propre famille. (1)

Un très grand nombre de familles demandent à
rejoindre leur chef. Il est à remarquer que l'esprit
de famille semble se retremper et s'affermir dans le
malheur, de même que le patriotisme, si affaibli
qu'il paraisse en temps ordinaire se ranime aux premiers bruits de guerre.

Les familles des condamnés les plaignent trop
pour les juger sévèrement, les enfants ne sont pas
élevés dans le mépris de leur parent coupable.

On peut se demander jusqu'à quel point il est
légal d'adoucir ainsi le sort des condamnés en les
rendant à leur famille.

La loi de 1854 à la différence de la loi de 1873
est muette sur ce point, mais le Gouvernement en

---

1. En 1885, sur 4313 individus condamnés pour crimes,
2942 étaient célibataires, 295 veufs, 1476 mariés. En 1886,
sur 4277 condamnés, 2545 célibataires, 308 veufs, 1424 mariés. En 1887, sur 4184 condamnés, 2525 étaient célibataires,
238 veufs, 1421 mariés. (*Statistiques du ministère de la justice*).

vertu de la délégation qui lui a été faite par l'article 14 de la loi de 1854 est investi et use du droit d'interpréter largement cette loi.

D'autre part, en exigeant que le condamné soit arrivé en 1ʳᵉ classe et mis en concession avant que sa famille le rejoigne, l'administration impose aux familles un stage long et douloureux. Après deux ou trois ans d'attente, puisqu'il faut six mois au moins pour qu'un condamné s'élève d'une classe inférieure à une classe supérieure, les familles ont pu chercher une autre voie, se créer d'autres ressources, et sont par conséquent perdues pour le condamné, et pour les colonies.

« Souvent les requérantes, leurs premières démarches étant restées infructueuses, disparaissent et changent de projets. La faim les pousse à quelques liaisons irrégulières et elles s'y tiennent. Parfois aussi elles viennent quand même, comme cette femme que nous avons vu rejoindre son mari condamné depuis six ans et auquel elle amenait deux enfants de 3 et 4 ans » (Denis, p. 513).

Ce stage est quelquefois d'autant plus regrettable que, surtout parmi les malfaiteurs d'accident, certains étaient de bons travailleurs, véritables soutiens de famille ; en les frappant, la loi impitoyable a du même coup atteint et puni la famille tout entière.

En outre les sujets de l'administration pénitentiaire sont des êtres affaiblis moralement et physiquement : reculer la récompense, la mettre loin de leur portée, c'était risquer de les décourager et compromettre le succès de la colonisation pénale. Au fond il y a deux intérêts contraires en présence, celui de la répression et celui de la colonisation. Or, l'administration pénitentiaire afin de coloniser, a été forcément amenée à préférer le second.

Mais la principale raison qui justifie les procédés de l'administration : c'est que la loi de 1854 (article 11) et le décret de 1878, rendu conformément à cette loi, autorisent le condamné, alors même qu'il est en cours de peine, à jouir d'une concession.

Dès qu'on lui accorde cette concession avec une sorte de libération anticipée, n'était-il point utile d'aller jusqu'au bout de cette voie généreuse, et d'assurer au condamné, comme éléments de moralisation, non seulement le travail, mais aussi la famille, avec le merveilleux ressort et toutes les forces que cet amour fournit à l'activité et à la moralité humaines.

L'administration a donc le droit d'écrire comme elle le fait dans la notice de 1867, p. 42, que « pour obéir *au vœu de la loi*, elle autorise les familles laissées en France, à rejoindre leur chef lorsque celui-ci s'en montre digne par son repentir et son assiduité au travail. »

La loi, en effet, a voulu et recherché la moralisation des condamnés. Qui veut la fin veut les moyens. Or le travail et la réintégration du condamné dans la famille ne sont-ils points les meilleurs moyens que l'on connaisse ? En effet les mariages consolidés ainsi dans les colonies sont ceux qui ont donné les meilleurs résultats, et comme non-seulement la femme, mais quelquefois aussi des parents moins proches obtiennent leur transport aux colonies ; ces familles, par leur immigration continue (1) et régulière constituent un premier noyau de colons libres. En même temps qu'elles facilitent au condamné soutenu et entouré par elles, sa régénération définitive, elles préparent cette colonisation mixte, demi-pénale demi-libre, qui, si elle est fortifiée plus

1. Le nombre des familles tend à augmenter en suivant une progression presque régulière :

En 1884 : en Calédonie : femmes ou filles libres ayant rejoint leurs maris ou parents transportés : 92.

Enfants venus de France 1(6.

En Guyane : 4 femme et 4 enfants.

En 1882 : en Calédonie 105 femmes, et 130 enfants.

En Guyane	10	»	15	»
En 1881 : en Calédonie	84	»	130	»
En Guyane	15	»	21	»
En 1879 : en Calédonie	51	»	131	»
En Guyane	15	»	17	»
En 1877 : en Calédonie	60	»	132	»
En Guyane	15	»	13	»

tard, comme il est permis de l'espérer, par un afflux
plus considérable d'immigrants libres et de capitaux, pourra procurer à nos colonies pénitentiaires,
si longtemps languissantes, non pas seulement la
santé, mais une réelle prospérité.

En définitive dans cette société en formation,
comme dans les vieilles sociétés, le mariage est la
base et le fondement de l'édifice.

Néanmoins, l'administration ne laisse pas que
d'entourer la conclusion des mariages de certaines
précautions, notamment, quoique l'interdiction légale, ni aucune des déchéances encourues par les
transportés n'aient pour effet, de les priver du droit
de se marier, l'administration surbordonne le mariage des transportés en cours de peine à l'autorisation préalable du gouverneur de la colonie.

Enfin, les demandes en autorisation de mariage
doivent être portées à l'examen du conseil privé.

Par contre, lorsque les condamnés arrivés en 1re
classe et ayant quelques ressources pécuniaires, ont
obtenu l'autorisation du gouverneur, lorsqu'aussi
toutes les conditions d'ordre disciplinaire sont rem-
plies, leurs mariages sont facilités et encouragés par
un ensemble complet de règles posées en partie par
la loi, en partie par l'administration.

D'abord le décret du 24 mars 1866 affranchit les
mariages des formalités compliquées qui pourraient

en retarder la conclusion, tout en laissant subsister les garanties essentielles contre le surprises et les accidents.

Ensuite, quand le mariage est célébré, l'administration continue sa mission de tutelle et de protection, elle a même pour les gens mariés des attentions quasi-maternelles, et fournit à la femme un trousseau complet comprenant jusqu'à des mouchoirs de poche.

D'après l'article 4 de la décision ministérielle du 16 janvier 1882(1) le concessionnaire marié en outre des vivres et allocations distribués à chaque concessionnaire célibataire a droit à une ration de vivres pour la femme, à un secours en argent de 150 francs, à un trousseau, au traitement gratuit à l'hopital si sa femme ou quelqu'un de sa famille tombe malade «pendant la période des allocations» c'est-à-dire pendant les trente premiers mois de son établissement.

En outre il se peut que le concessionnaire, peu sensible aux avantages de la propriété et de la vie de famille, abandonne sa concession, ou encore quelque motif de déchéance.

En ce cas la concession ne revient pas toujours à l'Etat. Le gouverneur peut l'attribuer au conjoint

1. Notice 85 p. 209.

où aux enfants de l'ex-concessionnaire (article 8, décret de 1878).

En outre; si le concessionnaire meurt avant que sa concession de provisoire soit devenue définitive, la veuve ou les enfants peuvent être autorisés à continuer l'exploitation et devenir propriétaires définitifs, (article 5)

Enfin pour couronner cet ensemble de mesures, le gouvernement, profitant de la délégation à lui faite par la législation de 1854, a fait brèche aux principes du Code civil, et réalisant au profit des malfaiteurs régénérés, la réforme que le législateur n'a pas encore trouvé le temps de faire au profit des honnêtes gens, il a donné au conjoint survivant des droits étendus à la succession du prémourant.

DROIT SUCCESSORAL

Dans le règlement des successions *ab intestat*, le conjoint survivant n'a pas été favorisé par les auteurs du Code civil.

Il n'est pas héritier mais seulement successeur irrégulier, et n'a donc point la saisine qui aurait pour effet de continuer malgré la mort la situation établie par la vie commune.

Et si les époux n'ont pas eu l'un pour l'autre une affection prévoyante, s'ils se laissent surprendre par la mort, le survivant est exposé à perdre du même coup le bonheur et la fortune. Il est préféré au fisc mais il passe après tous les collatéraux, fussent-ils au douzième degré fussent-ils totalement inconnus du *de cujus*, car tels sont d'après la loi, les intentions présumées du défunt et l'ordre de ses affections, résultat d'autant plus rigoureux que ces collatéraux préférés au conjoint sont généralement inconnus; l'extension du principe de l'hérédité naturelle jusqu'au XII° degré, a cessé d'être en rapport avec l'état actuel de la société (1).

Toutefois le législateur ne s'est pas trompé en expliquant par l'ordre présumé des affections du *de cujus* le mauvais rang attribué au conjoint.

C'est qu'en effet si vive qu'elle soit, l'affection des époux est toute personnelle, elle s'étend rarement aux membres de la famille par alliance, rarement même aux beaux-pères et belles-mères.

Or, si le survivant, après avoir hérité de la fortune du prémourant, mourait sans qu'aucun enfant fût né du mariage, il s'ensuivrait que par suite de ce décès toute la fortune du prémourant passerait à la famille du dernier mourant. Par conséquent le pré-

____

1. Cauwès, Précis d'économie politique, t. 2 p. 243.

mourant aurait préféré la famille de son conjoint à sa propre famille.

C'est ce résultat que la loi ne considère pas comme conforme aux intentions probables du. défunt et qu'elle veut écarter.

Il y a donc deux principes contraires à concilier dans le règlement des successions *ab intestat* : d'une part garantir le maintien de la fortune dans les mêmes familles et assurer à la transmission des biens un cours régulier, bien conforme dans la majorité des cas, à l'esprit et aux traditions de famille.

D'autre part, assurer au conjoint le maintien de ses droits acquis et lui assurer dans la succession même une place répondant à celle qu'il occupe dans les affections du défunt.

La meilleure solution qu'on ait proposée dans ce but serait d'accorder au survivant un droit d'usufruit.

Un projet en ce sens fut déposé en 1872 par M. Delsol devant l'Assemblée nationale (V. *Journal officiel*, 7 juin 1872).

Ce projet a été l'objet d'une approbation flatteuse de la part du parlement, comme de la doctrine. On a reconnu qu'il comblerait heureusement une lacune de notre législation. Aujourd'hui encore il ne manque plus à ce projet que d'être voté. C'est seulement au profit des déportés et des transportés que le droit successoral a été réformé.

L'article 10 du décret du 31 août 1878 ne fait que reproduire presque textuellement les dispositions de l'art. 13 de la loi du 25 mai 1873 (V. *Journal officiel*, 21-26 mars 1873). « En cas de décès du concessionnaire après le moment où la concession est définitive, les biens qui en font partie sont attribués aux héritiers d'après les règles du droit commun. Néanmoins, dans le cas où il n'existe pas de descendant résidant dans la colonie, la veuve, si elle habitait avec son mari, succède à la moitié en propriété de la concession si elle appartient en entier au mari ou la moitié de la partie dont il est propriétaire. En cas d'existence de descendants résidant dans la colonie, le droit de la femme n'est que du tiers en usufruit. »

Il résulte clairement de ces textes que le législateur de 1873, comme le gouvernement en 1878, a établi que les principes généraux de notre législation successorale seraient respectés, et que le droit du conjoint survivant dans les colonies pénitentiaires n'était qu'une exception nécessitée par des circonstances de fait.

A la mort d'un condamné, il y a pour ainsi dire deux successions :

L'une comprend tous les biens autres que les biens coloniaux, et reste soumise au droit commun;

L'autre comprend tous les biens coloniaux, et est soumise à des règles particulières.

Mais seulement en ce sens que deux dérogations sont apportées au droit commun.

La première est que, contrairement au principe posé dans l'article 732, la loi considère la nature et l'origine des biens pour en régler la succession.

La deuxième est que, contrairement à la règle de l'article 767, le conjoint est préféré aux collatéraux.

S'il n'y a pas de descendants, le conjoint a la moitié de la propriété de la concession.

S'il y a des descendants, il a le tiers en usufruit.

Mais le conjoint ne prime pas les collatéraux ; et, d'autre part, les descendants ne limitent à l'usufruit les droits du conjoint que s'ils résident dans la colonie.

Les dérogations au droit commun sont donc subordonnées à la réalisation d'une condition de fait. Sinon, en dehors des exceptions faites en faveur du conjoint et des descendants résidant dans la colonie, le droit commun reprend son empire, et les biens coloniaux eux-mêmes sont dévolus conformément à ses règles.

Aussi, au point de vue purement juridique, est-il inexact de dire que la mort d'un condamné fasse ouvrir deux successions distinctes.

Avant que la mort civile fût abolie, il pouvait y avoir deux successions distinctes : l'une qui s'ouvrait au moment de la condamnation, et comprenait les biens possédés par le condamné, l'autre qui s'ouvrait au décès du condamné et qui se composait des économies faites par le condamné depuis l'exécution de la condamnation perpétuelle.

Aujourd'hui il ne saurait y avoir qu'un patrimoine et qu'une succession unique. Mais dans cette succession les biens coloniaux constituent une universalité juridique distincte de tous les autres biens.

Dans l'ancien droit, les meubles, les acquêts et les propres formaient des universalités juridiques distinctes les unes des autres, bien que comprises dans le même patrimoine. Le droit actuel reconnaît encore que certaines universalités se distinguent du patrimoine (1) sans que cependant, le patrimoine cesse d'être considéré comme un et indivisible.

Tel est notamment le caractère des biens soumis au retour légal en cas de succession anomale. Tel est aussi celui des biens composant la fortune coloniale et sur lesquels s'exercent les droits exceptionnels du conjoint survivant. Il existe toutefois une différence entre les biens coloniaux et ceux soumis au retour légal.

En effet les biens composant la succession anomale sont *tous* régis d'après des règles particulières en opposition avec l'autre succession dévolue conformément au droit commun tandis que les biens

1. Aubry et Rau, t. VI, p. 234.

composant la succession coloniale sont régis en partie d'après le droit commun, en partie d'après des règles exceptionnelles.

Ainsi au cas où il y a des descendants résidant, un tiers en usufruit est donné au conjoint, mais la propriété de la concession par conséquent la plus grande partie des biens coloniaux est soumise aux règles du droit commun.

S'il n'existe pas de descendants ou si ceux qui existent ne résident pas dans la colonie, la moitié de la propriété appartient au conjoint, mais l'autre moitié est partagée parmi les héritiers restés dans la métropole conformément au droit commun et d'après la règle fondamentale de l'affection présumée du défunt.

En dernière analyse, il est plus juste de comparer simplement la fortune coloniale du condamné à un pécule sur lequel le conjoint et les descendants résidant dans la colonie ont des droits exceptionnels dûs principalement à un état de fait : leur présence dans la colonie.

A ce propos, on peut regretter que le gouvernement n'ait pas étendu davantage l'application de cette idée et qu'il n'ait point fait une brèche plus large dans les principes du Code civil.

Il semble qu'il eût été préférable de donner sur le pécule colonial des droits exceptionnels, non seulement au conjoint et aux descendants, mais aussi, à leur défaut, aux ascendants et aux collatéraux, à tous les parents résidant dans la colonie, en un mot d'appeler à la succession coloniale la famille coloniale.

Ce serait un bon moyen pour favoriser l'émigration libre et la réintégration du condamné dans sa famille que d'assurer une récompense à toutes les familles qui font le sacrifice douloureux de s'expatrier.

Les familles rejoindraient plus volontiers un parent condamné si elles pensaient, par ce moyen, avoir droit à quelques-uns des avantages que la métropole ou les gouvernements locaux accordent généreusement aux émigrants.

Aujourd'hui, quand les parents restés en France apprennent brusquement qu'ils ont hérité de quelques biens situés à des milliers de lieues, ils se hâtent de les vendre à vil prix. Ils ne vont aux colonies que si la succession est considérable, événement fort rare. La moyenne de ces successions est loin d'atteindre 500 francs ; et le plus souvent la fortune des concessionnaires se monte à peine à une centaine de francs.

De cette somme il faut le plus souvent défalquer les dettes dues pour frais de justice, dont le recouvrement est garanti, par l'hypothèque établie sur chaque concession en vertu du décret du 16 janvier 1882 (article 11).

Il faudra bien du temps avant que les oncles de Calédonie ait le même prestige et la même légende que les oncles d'Amérique.

Le décret de 1878 a toutefois réalisé un progrès sur la loi du 25 mars 1873.

Il édicte en effet que les descendants eux-mêmes ne primeront le conjoint sur le pécule colonial qu'à condition de résider dans la colonie.

En même temps, il a ainsi nettement affirmé et mis en relief la raison d'être de ce droit successoral particulier qui est de récompenser l'expatriation et d'encourager la colonisation. ·

Ce n'est donc point seulement en qualité de conjoint, mais plutôt et surtout en qualité d'associé, si on peut dire ainsi, que le survivant bénéficie de l'exception faite aux règles de l'article 767.

Cela est tellement vrai que la loi de 1873, comme l'article 10 du décret de 1878 disposent que la femme succédera à la moitié de la concession « si elle habitait avec son mari à et que l'article 14 du décret ajoute que les avantages stipulés... au profit de la femme d'un transporté concessionnaire de terre sont applicables *sous les mêmes conditions* à l'époux d'une femme transportée, titulaire d'une concession. »

Cette rédaction peut donner lieu à quelques difficultés, notamment on peut se demander quelle serait la situation d'une femme qui après avoir rejoint son mari dans la colonie, serait séparée de corps ou divorcée au moment du décès.

Le décret n'exige pas que la cohabitation existe encore au moment du décès: par conséquent si la cohabitation a cessé depuis peu, le survivant ne perd pas ses droits à la succession. Les mots « si elle habitait » signifient que le décret de 1878 exige qu'il y ait eu cohabitation pendant un certain temps, en d'autres termes il y a là une question de fait que les tribunaux peuvent trancher le cas échéant.

En second lieu, quand l'administration retire à l'un des conjoints pour cause d'indignité sa concession, elle a le pouvoir de la maintenir au profit de l'autre conjoint de façon à ce que l'un ne pâtisse pas injustement des fautes de l'autre. (1)

Or, si cette disposition équitable peut être prise du vivant des deux époux, elle peut l'être aussi à la dissolution du mariage.

En effet les termes du décret de 1878 donnent au gouverneur un pouvoir très étendu.

____

1. Article 9 — Le gouverneur en conseil privé peut attribuer la concession à la femme du concessionnaire déchu ou à ses enfants s'ils résident dans la colonie.

Malgré cette légère équivoque l'article 10 a l'avantage de révéler le véritable caractère du droit du conjoint. Ce droit est une récompense ; soit parce que la femme a eu le courage de s'arracher à son pays et à sa famille pour rejoindre en des pays lointains un mari flétri par la justice ;

Soit si le mariage s'est formé dans la colonie, parce qu'il serait injuste et contraire aux intérêts de la colonisation de frustrer le survivant de biens obtenus par un travail et des efforts communs.

Cette législation satisfait ainsi au double but de récompenser le dévouement des familles, de respecter des droits acquis et en même temps de faciliter l'exploitation des concessions.

Quant à la nature juridique du droit du conjoint le décret de 1878 ne l'a pas modifiée. Le conjoint n'est pas héritier ; il n'est que successeur irrégulier. Il n'a pas la saisine, et doit se faire envoyer en possession par le tribunal du lieu où s'ouvre la succession, c'est-à-dire par le tribunal de la colonie où est mort le condamné. Ainsi il n'est pas tenu du paiement des dettes *ultrà vires successionis* comme il l'eut été en qualité d'héritier.

Quand il n'y a pas de descendant résidant dans la colonie, le conjoint a la moitié en propriété de la concession.

S'il y a des descendants le tiers en usufruit.

Est-ce suffisant ?

Le plus souvent les transportés n'ayant pas de fortune, se marient sans contrat, et se trouvent par conséquent soumis au régime de la communauté légale.

« Les terrains dont la concession devient définitive pendant le mariage sont communs lorsque le transporté et son conjoint sont mariés en communauté ou avec société d'acquêts. »

(Article 6 du décret de 1878).

La femme possède donc déjà la moitié de la propriété, des acquêts et des économies que le ménage a pu réaliser. Succédant en outre à la moitié de la part du mari, elle a en toute propriété les 3/4 de la concession.

Il lui sera donc souvent facile de racheter le quatrième quart, et de reconstituer l'unité de la concession.

Il peut arriver en pratique que la part du conjoint soit plus ou moins étendue :

D'après l'article 11 du décret de 1878, le transporté non libéré peut, dans les limites autorisées par les articles 1094 et 1098 du Code civil disposer de ses biens coloniaux « soit par des actes entre vifs, soit par testament, en faveur de son conjoint habitant avec lui » mais ce n'est pas seulement en faveur de son conjoint que le condamné peut avoir la libre disposition de ses biens.

Le condamné peut être autorisé avant sa libération à jouir ou à disposer de tout ou partie de ses biens. (Article 12, loi du 30 mai 1854).

C'est d'ailleurs en doctrine une question controversée que de savoir si un individu en état d'interdiction légale ne peut pas faire un testament valable puisque l'interdiction légale prive simplement de l'exercice et non pas de la jouissance des droits.

Quant aux condamnés à une peine perpétuelle frappés de l'incapacité de disposer et de recevoir, ils peuvent en être relevés par le gouvernement. (Article 4, loi du 31 mai 1854).

Grâce à cette faculté il se peut que le prémourant ait disposé autrement qu'en faveur de son conjoint de tout ou partie des biens disponibles. La question est de savoir si la part réservée au survivant par le décret 1878 a le caractère d'une réserve, ou si au contraire cette part peut être diminuée, et même supprimée par les dispositions gratuites du prédécédé.

Aucune des nombreuses dépêches ministérielles qui ont interprété les points douteux ou obscurs du décret, n'a trait à cette question.

Nous n'hésitons pas à la trancher en faveur du conjoint, et à dire que la récompense que le décret lui assure a le caractère et la sécurité d'une réserve. L'institution de la réserve est une équitable transaction, entre le principe de la liberté testamentaire et le droit absolu des enfants à la succession paternelle. Elle repose sur cette idée que les enfants ont le droit d'exiger de ceux qui les ont mis au monde, des ressources et les moyens de vivre, or le droit du conjoint à la succession coloniale se justifie par des raisons plus fortes et véritablement péremptoires (1).

Qu'il y ait eu union ou réunion dans la colonie, les conjoints qui ont travaillé et peiné ensemble, ont sur leur concession un droit acquis, véritable droit de co-propriété, dont ils ne peuvent être frustrés ni par caprice, ni même par la volonté l'un de l'autre.

L'intention des auteurs du décret de 1878 est d'autant plus manifeste, qu'ils ont préféré le conjoint aux descendants eux-mêmes quand ceux-ci ne résident pas dans la colonie.

1. M. Delsol, dans son rapport (*Journal officiel*, 7 juin 1872, p. 3822) résout la question en sens contraire. « Faut-il aller plus loin et dire comme le code prussien que l'époux survivant aura une réserve légale ? Nous ne saurions lui concéder un tel avantage, il faut qu'un époux puisse exhéréder son conjoint, si celui-ci a une fortune personnelle suffisante, ou s'il a donné au défunt de graves sujets de mécontentement. »

Il faut convenir que ce dernier motif au moins pourrait tout aussi bien être invoqué contre la réserve du descendant, et que le premier ne pourrait être souvent invoqué dans les colonies pénitentiaires.

Toutefois, au cours de la discussion de la loi de
1873, M. Humbert, interrogé sur cette question par
M. Bertauld, répondit, mais sans fournir aucune
explication, qu'à n'en point douter le conjoint n'é-
tait pas héritier et n'avait pas de réserve (1).

Il résulte de notre solution que la liberté de tes-
ter ou de disposer par acte entre vifs restituée légalement aux condamnés est en fait très amoindrie,
c'est de quoi les partisans les plus convaincus de la
liberté testamentaire ne sauraient se plaindre. S'il
est vrai qu'il n'y ait pas de magistrature plus im-
posante et plus difficile que celle d'un testateur
soucieux de son honneur et de l'intérêt des siens,
il serait imprudent de se faire des illusions sur la
façon dont cette magistrature serait remplie par des
transportés, en admettant même que la vie de la
famille et les joies de la propriété les ait convertis
et complètement régénérés.

La concision peut, dans un texte, être une cause
d'obscurité.

L'article 10 ne fournit presqu'aucun élément de
solution à la plupart des difficultés qui peuvent dé-
river de l'innovation qu'il a consacrée. Il est vrai
que jusqu'ici elles n'ont pas suscité de controverse,
cependant l'examen n'en est point purement spécu-

1. *Journal officiel*, 26 mars 1873, p. 2105.

latif; elles donneront lieu à de sérieux embarras quand des condamnés en mourant laisseront des fortunes suffisantes pour allumer des convoitises et exciter à des chicanes.

Pour en trouver la solution, la règle est de s'en référer aux principes du droit commun, puisque, abstraction faite des quelques innovations consacrées formellement par le décret, ces principes ne laissent pas que de gouverner le droit successoral usité dans les colonies. Telle est, en effet, la règle fondamentale posée nettement en vedette dans l'art. 13 de la loi de 1873 et dans l'art. 10 du décret de 1878.

Nous avons ainsi examiné l'ensemble des mesures par lesquelles le législateur et l'administration favorisent d'abord et récompensent ensuite la formation des mariages.

Tant d'efforts pour assurer dans les colonies pénitentiaires la construction et le développement de la famille ne demeureront pas infructueux.

Il est vrai que, sauf de rares exceptions, la première génération de transportés ne fournira que de médiocres colons, la moisson ne peut être ni aisée ni abondante sur un terrain ingrat, mais quand une deuxième génération aura remplacé la première, les colonies bénéficieront du résultat dû aux efforts prolongés de l'administration.

Aussi bien est-il étonnant que la législation péni-

tentiaire si riche et fertile cependant en lois, règlements, décrets et décisions soit encore à peu près
muette sur l'instruction et l'éducation des enfants.

Sauf la décision du gouverneur de la Guyane (1)
relative aux rations de vivres auxquelles ont droit les
enfants pauvres dans les écoles, et un décret du 19
décembre 1877 instituant à Bourail une ferme école
afin de donner aux enfants des concessionnaires une
instruction agricole pratique (2), rien dans l'ample
collection des notices n'indique que l'administration
se soit préoccupée des enfants nés de ces mariages
formés avec tant de peine et de soin.

Le rapport précédant la notice de 1885 n'en parle
que pour constater l'absence des précautions élémen-
taires dont leur éducation devait être entourée.

Dans les écoles « il y aurait beaucoup plus d'é-
lèves, est-il dit dans ce rapport, si, soit à raison de
l'éloignement, soit pour toute autre cause ou prétexte, un certain nombre d'enfants n'étaient retenus loin de l'école » (page 43).

S'ils sont retenus loin de l'école, ils restent donc
au milieu de leur famille, et l'on ne peut pas nour-
rir d'illusions sur le singulier genre d'éducation auquel ils sont initiés.

1. Notice 80 81, p. 264
2. Notice 1881 , p. 118

En France, depuis plusieurs législatures, le Parlement se préoccupe d'améliorer la situation légale des enfants moralement abandonnés, d'apporter des limitations au droit de la puissance paternelle et de créer des institutions qui assurent aux enfant une protection efficace (1).

Dans les colonies pénitentiaires, la protection des enfants est une nécessité d'autant plus impérieuse que le milieu dans lequel ils graudissent est forcément corrupteur et malsain (2).

D'autre part, le succès de la colonisation pénale dépendant non pas de la génération pénale actuelle mais des suivantes « ce succès sera d'autant plus rapide et mieux établi que les enfants auront été mieux préparés par leur éducation à une vie honnête et morale » (notice 85, p. 44).

Enfin dans la métropole on peut avoir quelque scrupule à limiter la puissance paternelle par voie législative et par conséquent d'une façon trop absolue, puisque la puissance paternelle en développant le sentiment de la responsabilité est un merveilleux

1. Rapport de M. Gerville Reache (séance du 26 mai 1884. *Journal officiel*) au nom de la Commission chargée d'examiner le projet de loi ayant pour objet la protection des enfants abandonnés, délaissés ou maltraités.

2. Il y a en calédonnie pour diriger les écoles 2 instituteurs, 2 institutrices, 3 frères maristes, 3 sœurs, en Guyane, 2 sœurs de St Joseph de Cluny (p. 100 109, notice 87)

ressort d'action et qu'il est dangereux d'imposer à un pays des lois qui par leur application tendent à diminuer l'initiative privée et l'effort individuel, mais dans les colonies pénitentiaires on peut quitter ce souci.

Non seulement l'école, mais l'internat, au moins pour les enfants nés d'unions entre condamnés, devrait être obligatoire.

Tous ces enfants devraient être dans une situation analogue à celle des enfants assistés, être placés sous la tutelle du directeur de l'administration pénitentiaire, de même que les enfants assistés sont placés sous celle du directeur de l'assistance publique.

En outre il existe dans la métropole des sociétés protectrices de l'enfance. L'administration pourrait stimuler la création de sociétés analogues qui fonctionneraient sous son contrôle et dont le principal but serait notamment de combattre par tous les moyens possibles, la grande mortalité des nouveaux-nés et d'assurer aux jeunes enfants les soins nécessaires jusqu'à ce qu'ils soient placés sous la tutelle immédiate du directeur.

D'après certains rapports médicaux la mortalité encore considérable dans les colonies est due non pas seulement à l'insulabrité du climat, ni à la mauvaise santé des parents, mais surtout à l'ignorance et à l'absence de soins.

Après avoir commencé son œuvre par la formation des mariages, l'administration devra la parachever en étendant sur les enfants sa bonté prévoyante. Il ne suffit pas de leur construire des Ecoles ou d'agrandir celles qui existent, il faut surtout leur donner les bienfaits de l'éducation, et, dans ce but, les soustraire tout d'abord à l'influence de leurs parents.

Si une meilleure hygiène morale et physique ne lui est pas assurée, la deuxième génération sur laquelle il est permis de fonder tant d'espérances ne manquera pas de les tromper radicalement.

En résumé, faciliter les mariages, n'y autoriser que les transportés ayant déjà quelques ressources et qui ont fait preuve de courage et de moralité ; les réunir autant que possible à la famille qu'ils ont laissée en France, puis limiter fortement les droits de la puissance paternelle pour donner aux enfants une instruction professionnelle et une éducation morale,

Tels sont les principaux moyens d'organiser la la famille dans les colonies pénitentiaires.

CHAPITRE V.

CONSTITUTION DE LA PROPRIÉTÉ.

En encadrant ainsi les condamnés dans leur famille, l'administration leur crée une situation morale susceptible d'assurer leurs premiers pas vers la régénération définitive, mais leur premier élan n'aurait point chance de durer si la situation morale qui leur est faite n'était pas accompagnée par l'amélioration matérielle de leur sort; comme beaucoup d'honnêtes gens les transportés sont surtout sensibles à l'intérêt.

Aussi, dès qu'ils sont arrivés à monter en première classe et dès que commence pour eux la deuxième période de la peine, ils sont récompensés tout à la fois moralement et matériellement et sont aptes à vivre en famille et aussi à devenir propriétaires. Ils peuvent en effet obtenir une concession provisoire soit rurale soit urbaine ou s'engager chez les colons libres.

Etant encore en cours de peine ils peuvent donc

être élevés à la qualité de propriétaires (1). Certains écrivains voient dans cette règle la source de la plupart des défauts reprochés à la transportation, et le motif pour lequel les malfaiteurs, loin d'être intimidés par cette peine, la considèrent comme le couronnement de leur carrière.

D'après eux les libérés seuls auraient le droit de devenir propriétaires. A notre avis, un pareil système serait un moyen aussi sûr qu'illégal de ruiner la colonisation pénale.

D'abord si les condamnés ne pouvaient entrevoir la récompense que dans un avenir éloigné ils resteraient au pénitencier, assurés qu'ils sont d'y trouver chaque jour un souper et un gîte, jamais ils ne trouveraient l'énergie suffisante pour s'élever au travail volontaire et conscienceux qui seul peut les réhabiliter.

Puis, les libérés sont gens difficiles à gouverner et l'administration n'a plus sur eux une action aussi directe que sur des condamnés. Enfin l'art. 11 de la loi de 1854 est formel.

D'ailleurs dans le système actuellement suivi, la concession ne peut devenir définitive qu'après la libération. Tant que la peine dure, la concession est

1. Art. 2. Décret du 18 juin 1880.
Art. 11, 13, 14. Loi de 1854, décrets du 11 avril 1878 et du 10 janvier 1882.

provisoire et peut être révoquée ; le stage nécessaire pour obtenir cette concession peut être prolongé en raison de l'inconduite ou de la paresse du condamné (art 1 à 14, decret de 1880).

Par conséquent l'administration reste toujours maîtresse de mesurer la durée de la période répressive d'après les efforts et la conduite du condamné. Ainsi les auteurs du décret de 1880 ont résolu le difficile problème de prolonger la répression contre les transportés réfractaires, sans que jamais la récompense cesse d'être à la portée des hommes de bonne volonté et grâce à ce régime, tous les transportés dignes de faveur, peuvent être retenus et attachés au sol colonial par les liens de la famille et les profits de la propriété, avant le moment où ils sont en droit de le quitter.

A ce propos, une des fonctions les plus délicates de l'administration consiste à choisir parmi ses sujets ceux que le mal n'a point complètement démoralisés ni vaincus jusque dans le cœur. Elle doit tenir compte de leurs différentes aptitudes, renvoyer le forgeron à la forge et le menuisier à l'établi, ou s'ils en ignorent, leur apprendre un métier.

Voici comment l'administration pourvoit à ce soin.

Les commandants de pénitenciers sont chargés de donner des notes à chacun des condamnés qu'ils ont sous leur direction. Pour établir ces notes, ils

consultent nécessairement les agents de culture
et les surveillants militaires. mais en définitive
c'est le commandant lui-même qui dirige l'enquête, rédige la note et conclut. Il examine quels
sont ceux qui méritent d'être proposés comme
concessionaires, et d'après leurs aptitudes, les pro-
pose soit comme concessionnaires ruraux soit
comme concessionnaires urbains.

Quand la liste est arrêtée, il la transmet au directeur.

Les condamnés maintenus sur cette liste ont alors
la qualité d'apprentis concessionnaires. Les apprentis ruraux commencent dans les fermes un véritable
stage dont la durée est indéterminée mais dont le
minimum est d'un an, au cours duquel ils apprennent leur métier d'agriculteurs sous la direction et
les conseils d'agents de culture et d'un inspecteur
de culture.

Les apprentis urbains font leur apprentissage
dans les chantiers et ateliers pénitentiaires.

Le directeur arrête la liste définitive de tous ceux
qui d'après le travail la moralité et les résultats obtenus lui semblent dignes d'être mis en concession.

Puis le gouverneur, en conseil privé, autorise la
mise en concession.

L'administration fournitaux concessionnaire des
vivres pendant 30 mois, (article 15 du décret du 16

janvier 1882) lui remet tous les instruments aratoires
qui sont nécessaires, et en cas de maladie, elle leur
assure le traitement gratuit à l'hôpital tant que dure
la période des 30 premiers mois. Pendant cette
même période le concessionnaire est tenu de
défricher le terrain qui lui est livré complètement
inculte et de s'y construire un domicile.

Le commandant du pénitencier dans l'arrondisse-
ment duquel est située la concession et le surveil-
lant chargé des concessionnaires dressent un état
des concessions. Tous les mois ils inscrivent les résultats obtenus par les concessionnaires, les travaux
exécutés, le nombre des animaux élevés, etc., et joi-
gnent à ce rapport des observations sur la moralité,
le travail, la situation matérielle et l'avenir des concessionnaires.

Si le concessionnaire continue à obtenir des notes
satisfaisantes, un an après l'expiration de sa peine
la concession lui est attribuée a titre définitif et
son droit de propriété est désormais réglé conformément au droit commun.

En droit, la concession provisoire ou définitive
consiste dans la remise faite à titre de faveur par le
gouverneur, d'une portion de terrain située soit
à l'intérieur soit en dehors d'une commune.

L'administration, en délivrant une concession,
conclut avec le transporté, un contrat qui implique,

non pas transfert de propriété, mais d'un droit analogue au droit d'usufruit, quoique beaucoup moins étendu, avec réserve de la nue-propriété au profit de l'État (art. 10, décret du 16 janvier 1882). Quant à la mise en concession définitive, elle ne donne pas lieu à un nouveau contrat, elle n'est qu'une transformation du titre de l'ayant cause, une véritable consolidation qui se produit de plein droit à l'expiration du délai fixé par le décret, et dont l'effet est de réunir sur la personne des concessionnaires la double qualité d'usufruitier et de propriétaire, cette règle résulte des termes mêmes de l'article 6 du décret de 1878. « Les concessions provisoires qui n'ont pas été retirées par application de l'article 3 deviennent définitives.... des titres de propriété sont, à l'expiration du délai de 5 ans, délivrés aux détenteurs ». Tels sont les principaux traits de l'organisation de la propriété dans les colonies pénitentiaires, les conditions juridiques en ont été fixées avec une très heureuse habileté, elles arment l'administration d'un pouvoir très souple et très étendu, mais jamais arbitraire. L'apprentissage, la mise en concession, la consolidation définitive du droit de propriété, et d'autre part, les déchéances, en un mot chaque progrès ou chaque recul fait par le transporté s'accomplit sous la surveillance et le contrôle de l'administration.

Mais quant aux conditions pratiques elles ne laissent point que de mériter quelques objections :

1° Les concessions sont purement gratuites; à notre avis c'est une première faute; c'est le propre des hommes honnêtes ou vicieux de s'attacher d'autant plus aux objets qu'ils ont eu plus de peine à les acquérir. Si, pour entrer en concession le condamné devait verser entre les mains de l'administration, ne fût-ce qu'une faible partie du pécule amassé, le terrain représenterait à ses yeux le fruit de plusieurs années d'épargne et de travail, il aurait pour ce morceau de terre, l'attachement du propriétaire pour son bien. Les colons abandonnent plus aisément un terrain donné qu'un terrain payé de leur bourse, de même que la plupart des colons qui demandent à être rapatriés, se recrutent parmi ceux qui ont obtenu le passage gratuit. Les autres qui ont payé, s'obstinent justement à poursuivre la récompense de leurs efforts et de leurs dépenses. On objectera sans doute la nécessité pour les concessionnaires d'avoir une avance de fonds en prévision des premières difficultés de leur établissement agricole ou commercial, mais pendant 30 mois l'administration leur fournit des vivres, et s'ils sont mariés une indemnité pécuniaire.

2° En outre, dans le système actuel, les concessions portent sur des terrains incultes et nus.

Ainsi, construire une case, défricher un champ, le mettre en rapport, être tour à tour menuisier, architecte, agriculteur, telle est la tâche assumée par le concessionnaire. L'énergie d'un colon libre, stimulée cependant et exaspérée par la nécessité de gagner le pain de chaque jour y suffirait à peine, Le concessionnaire dont la pécule est bientôt tari, ne peut assurer son existence matérielle pendant le temps nécessaire pour défricher un terrain, y construire, semer et recueillir. Il goûte difficilement les avantages de la propriété, exposé qu'il y serait à mourir de faim si l'administration ne le nourrissait ; et l'administration se trouve ainsi par la force même des choses, amenée à outrepasser son rôle et exagérer ses charges. En termes juridiques, l'administration nue propriétaire prend l'obligation pendant trente mois de faire jouir l'usufruitier, mais la traduction en langage ordinaire de cette règle de droit est que l'administration joue à l'égard des condamnés le rôle d'une providence tutélaire à la bienveillance de laquelle ceux-ci ne se lassent pas de recourir.

Tel est le vice capital de cette organisation rendue ainsi onéreuse pour l'Etat, décourageante pour le condamné.

Il s'ensuit qu'un très grand nombre de concessionnaires s'installent tranquillement dans une concession, puis après s'être rapidement construit un abri rudimentaire ils se carrent dans le repos et la quiétude. Assurés de leur pain quotidien, ils simulent le travail ou se laissent tranquillement proposer pour la dépossession.

« Ils égratignent un peu le sol, parce qu'il faut simuler le mouvement puis quand les 30 premiers mois sont finis ou près de l'être ils déclarent tout à coup qu'ils ne sont pas nés pour l'agriculture, et ils retournent au camp pour y reprendre leur place (Leveillé, La France coloniale, p. 677) (1).

L'avis de dépossession va du commandant de pénitencier au directeur, du directeur au gouverneur, du gouverneur au ministère de la marine, enfin après avoir passé dans les bureaux du ministère il revient au gouverneur et cependant le concessionnaire ingénieux s'est procuré ainsi aux frais de l'Etat, des vacances d'un an ou de 18 mois ; peu lui importe de rentrer au pénitencier, il sait que la vie n'y est point

---

(1) M. Leveillé raconte à ce propos, la conversation qu'il eut en Guyane avec un condamné « J'interpellais un jour l'un de ces hommes qui couché sur une brouette, faisait une sieste prolongée, je lui demandais pourquoi il se croisait les bras. — Bah ! me répondit-il avec un sens profond de choses et une claire intelligence des mystères du budget, pourquoi m'épuiserais-je à cette heure, les paysans de France travaillent pour moi. »

« Ce philosophe à la brouette avait raison, conclut spirituellement M. Leveillé, il avait compris qu'en somme il était entretenu par les contribuables honnêtes ».

trop dure et que le régime n'est pas plus sévère pour les condamnés qui arrivent au pénitencier que pour ceux qui comme lui par inconduite ou paresse ont mérité d'y être réintégrés.

L'administration est décidée désormais à réagir contre de tels abus, en coupant les vivres dès le cinquième mois aux concessionnaires qui ne peuvent justifier d'un travail sérieux (notice 1888 p. 51) ; mais ne vaudrait-il pas mieux changer radicalement de méthode, installer le concessionnaire sur un terrain préalablement défriché par les transportés des dernières classes, et maintenant par les relégués ; ne lui laisser de vivres que pour quelques jours, et cesser de le protéger contre les rudes conséquences de la paresse ? Il y a des gens qui sortent de leur inertie au moins quand la faim les pousse. Les concessionnaires pourraient sentir aussi ce suprême aiguillon.

Toutefois l'abandon des concessions ne provient pas seulement des défectuosités du régime actuellement suivi : il est juste de reconnaître que très souvent l'insuccès s'explique par les mauvaises conditions économiques où se trouvent nos colonies pénitentiaires notamment la cherté du fret, et l'absence d'institutions de crédit.

Les concessionnaires n'ont pas de capitaux : chaque fois que la récolte vient à manquer, ou qu'une

crise économique survient, les concessionnaires
n'ayant ni avances ni crédit sont immédiatement ré-
duits aux expédients. Or les sinistres sont fréquents
en Nouvelle Calédonie et « les cultures y sont soumises à des aléas nombreux » (not. 1888, p. 94).

Aussi cette situation a donné à l'industrie de
l'usure un merveilleux développement, si bien
qu'à n'en pas douter, l'usure est aujourd'hui une
des causes principales de l'insuccès des concessionnaires. Dès qu'une crise se produit, ils ont recours
à l'usurier qui leur achète leurs marchandises à un
taux dérisoire. (Denis p. 515 et s.) Ils signent des
billets qu'ils renouvellent fréquemment, le taux
légal étant de 12 0/0 les usuriers exigent jusqu'à
20 et 25 0/0 puis ils laissent leurs débiteurs travailler et se donner de la peine jusqu'à ce que la concession de provisoire devienne définitive. Aussitôt
les usuriers se transforment en créanciers impitoya-
bles, poursuivent, exproprient le concessionnaire et
s'installent à sa place :

« Le concessionnaire redevenu misérable, gueux,
ne tarde pas à retomber dans le cloaque d'où il avait
fait les plus vaillants efforts pour sortir. » — (Denis,
p. 515).

Ainsi ces usuriers rejettent au pénitencier, et
condamnent à la récidive précisément les meilleurs
ou les moins mauvais des transportés. Les gé-

néreux sacrifices de la société; le labeur du condamné, tant de courage et de peines aboutissent en
définitive à enrichir quelques gredins.

Or, si active et sévère que soit la répression exercée
par les Tribunaux elle ne peut avoir pour effet
d'empêcher l'usure ni même d'en contrarier le développement, lequel continuera nécessairement
tant que subsistera la situation économique actuelle.
On ne saurait même blâmer les concessionnaires,
qui n'ayant pas d'autre expédient, ont recours à l'u-
surier et s'obstinent à prolonger leur détresse plutôt
que de s'avouer vaincus et de quitter la partie.

Les concessionnaires se sont, il est vrai, constitués
en syndicat pour résister avec de plus grandes chances de succès (1).

Mais quand même les condamnés pousseraient
l'amour de l'épargne aussi loin que d'honnêtes
paysans français, leurs ressources centralisées ainsi
seraient encore trop exigues pour leur permettre
de supprimer l'intervention ruineuse des usuriers.
L'unique moyen serait de constituer dans les colonies pénitentiaires le crédit foncier. Comme toutes

1. Un décret en date du 4 janvier 1878 a créé en Calédonie une caisse d'épargne pénitentiaire ayant pour but de recevoir et faire fructifier les pécules et les dépôts volontaires
des condamnés et libérés. Cette caisse d'épargne sert un intérêt qui ne peut être inférieur à 3 0/0 et qui en pratique s'est
rarement élévé au-dessus de ce taux.

les banques coloniales, la banque de Nouméa est
autorisée par ses statuts à pratiquer le prêt sur récoltes (1). (Dislère. nᵒˢ 1092 et s.). Il est vrai qu'actuellement en Calédonie comme en Guyane, il existe peu de grandes plantations, mais la banque pourrait au moins traiter avec les syndicats de concessionnaires et ses statuts pourraient être réglés de
façon à donner une sécurité suffisante à ce genre
d'opérations. C'est un fait observé par tous les éco-
nomistes que l'existence de moyens de crédit est une
condition essentielle de succès pour les Sociétés en
voie de formation comme sont aujourd'hui nos colonies pénitentiaire (Leroy Beaulieu, *de la colonisation des peuples modernes* p. 523 et s).

Enfin, un autre fait qui nuit encore au succès de
la colonisation pénale est le désaccord existant entre l'administration pénitentiaire et les gouvernements locaux des colonies, et grâce auquel l'enca-
drement des colons d'origine pénale par les colons
libérés ne peut jusqu'à présent s'opérer qu'au
moyen des familles rejoignant un parent condamné.
Les gouvernements locaux oublient volontiers les
avantages qu'ils tirent de la transportation pour

---

1. Loi du 30 avril 1749, 11 juillet 1851 ; décret du 25 novembre 1849, 22 décembre 1851, 17 novembre 1852, 24 juin
1874 : Cour de Cassation, Sirey, 1858, 1, 373. Dislère, législation coloniale.

n'en voir que les inconvénients. Ils appellent à
eux des commerçants, surtout dans l'espoir de
faire échec à la colonisation pénale.

COLONISATION LIBRE.

Les entreprises de transport d'émigrants ont été
l'objet de la sollicitude du gouvernement, laquelle
s'est traduite comme d'usage par une série de lois
ou de décrets (1).

Mais pour avoir été fréquemment et minutieuse-
ment réglementées, ces entreprises n'en sont pas
plus florissantes, et les navires, jusqu'à présent,
transportent plus de fonctionnaires que de colons.
Cependant l'administration locale des colonies offre
aux émigrants de sérieux avantages.

En Guyane, les terres du domaine sont cédées à
vil prix; le plus souvent même, au lieu d'être paya-
bles en argent, elles le sont par l'accomplissement
de certains travaux, dont le premier effet est naturellement d'augmenter la plus-value du terrain.
L'administration locale va même quelquefois jus-

1. Lois du 19 juillet 1860; décrets des 15 janvier et 28
avril 1855; 9 et 15 mars 1861; 15 janvier 1868; 19 mars
1874; arrêté ministériel du 23 mars 1859.

qu'à payer ceux qui lui achètent des terrains (arrêté du 5 décembre 1884) à donner aux colons travailleurs une prime de 100 francs, et s'ils sont mariés, de 200 francs.

Sur 38,000 hectares distribués, 30,000 l'ont été gratuitement.

Malheureusement, la plus grande partie de ces concessions n'est pas cultivée, et les nouveaux colons sont obligés d'aller chercher leur concession au loin, dans l'intérieur des terres, tandis qu'aux environs de Cayenne, d'excellentes terres restent en friche.

En outre, les colons, séduits par le mirage des fortunes gagnées dans les mines d'or, vont travailler dans les placers, et pour ce travail malsain qui a tué beaucoup plus de travailleurs qu'il n'en a enrichi, désertent les travaux de l'agriculture.

En Calédonie, l'administration locale fut longtemps trop généreuse et donna sans compter, si bien qu'aujourd'hui « de magnifiques plaines de terres à culture sont immobilisées sans profit aucun ni pour le propriétaire, ni pour la colonie, et servent exclusivement de pâturages. » (De Lanessan, *op. cit.*). Maintenant on s'efforce d'y constituer la petite propriété. Les concessions offertes comprennent, si elles sont urbaines, un lot de 20 ares ; si elles sont agricoles, 4 hectares de terre à culture et 20 hectares de prairies. Après quatre ans, si le concessionnaire est marié, six ans s'il est célibataire, l'immigrant, à condition d'avoir exploité et clôturé le terrain, en a la pleine et entière propriété. Les marins et soldats congédiés qui consentent à accepter une concession, ont même droit à une prime de 250 francs. Parmi les 3,000 colons libres de la Nouvelle-Calédonie, on compte environ cinq ou six cents anciens soldats et marins.

Une association fructueuse pourrait par conséquent, dès maintenant, s'établir entre le travail libre et le travail forcé, mais à condition toutefois qu'un parfait accord existe entre l'administration pénitentiaire et les gouvernements locaux; malheureusement les administrations locales des colonies se plaignent amèrement de la transportation. Dans l'espérance de la rendre impraticable au moins en Calédonie, elles avaient empiété sur les biens domaniaux de l'Etat, et distribué aux colons libres les terrains dont l'Etat entendait se servir pour les besoins de la transportation. Actuellement, dans toutes les colonies françaises, les autorités locales ont classé dans le domaine colonial les biens du domaine de l'Etat. Elles ont consommé cette expropriation, beaucoup grâce à l'indifférence de l'administration métropolitaine et un peu à la faveur d'un argument d'apparence juridique qu'elles

7

ont découvert dans une ordonnance de 1825 (art. 3, ord. 17 août 1825).

C'est seulement en Guyane et en Calédonie que l'Etat, dans l'intérêt du service de la transportation, a sauvegardé en partie ses droits contre cet envahissement.

En Calédonie, les droits de l'Etat sont plus nets que dans toutes les autres colonies, étant encore de date récente. Par une déclaration en date du 20 janvier 1855, le gouverneur, au nom du gouvernement impérial, stipulait que l'Etat se réservait exclusivement :

1° Le droit d'acheter les terres occupées par les indigènes ; 2° la propriété de toutes celles non occupées par les indigènes.

Mais plusieurs arrêtés pris par d'autres gouverneurs répartirent le territoire entre le domaine public, celui de l'Etat et celui de la colonie, puis supprimèrent purement et simplement le domaine de l'Etat, et l'administration locale en distribua les terrains aux colons libres avec une telle ardeur qu'elle fit entendre qu'il n'y aurait bientôt plus de terrains suffisants pour la mise en concession des condamnés.

Alors l'administration métropolitaine s'émut et par un décret rendu le 16 août 1884, réserva au domaine pénitentiaire une étendue de 110,000 hectares, comme minimum suffisant aux besoins actuels et dans l'art. 2 de ce décret confirma le droit de propriété de l'Etat sur les terres actuellement occupées et qui deviendraient libres et vacantes. Un décret du 5 décembre 1882 réserva au domaine pénitentiaire en Guyane 146,000 hectares.

Les droits acquis des colons sont ainsi respectés, mais il est évident que le droit de propriété de l'Etat n'a pu être amoindri légalement par les arrêtés des gouverneurs. « Les domaines nationaux et les droits qui en dépendent sont et demeurent inaliénables sans le consentement et le concours de la nation ». (art. 8, loi 22 novembre 1ᵉʳ décembre 1790).

Cette affirmation des droits de l'Etat était d'autant plus utile qu'en dernière analyse, malgré certaines défectuosités et les immenses difficultés de l'entreprise, les résultats des mises en concessions peuvent être réputés satisfaisants. En 1884, sur 1541 concessionnaires, 834 exonéraient l'Etat de tous frais de nourriture et d'entretien. Il suffirait maintenant de quelques modifications principalement d'ordre économique, pour assurer plus rapidemnt le développement de la propriété foncière.

Nous avons vu comment la famille et la propriété étaient constituées au profit des condamnés que l'administration jugeait dignes d'être soustraits provisoirement à l'application de la peine des travaux forcés. Nous n'avons plus qu'à examiner la

situation légale qui leur est faite ; situation intermédiaire entre celle du condamné en cours de peine
et celle du libéré.

CHAPITRE VI.

La dégradation civique, l'interdiction légale, l'incapacité de disposer et de recevoir entraînent un ensemble complet de déchéances et d'incapacités auxquelles les transportés sont d'abord tous soumis, mais par mesures administratives, certaines incapacités peuvent être restreintes de façon à ce que leur situation légale puisse s'ajuster à leur situation matérielle de concessionnaires, (art 4, loi 31 mai 1854; art. 12, 13 et 14, loi 30 mai 1854). (1)

Les remises des droits civils ainsi faites, ne constituent nullement une grâce partielle, ce sont simplement des faveurs administratives accordées par le ministre de la marine, comme représentant et membre du gouvernement; afin que le condamné puisse déployer librement son activité dans la société nouvelle où il a été transporté (art 12, loi 30 mai 1844; art. 11, décret de 1878).

1. Quant à la surveillance de la haute police elle a été supprimée par l'art. 19 de la loi de 1885 et remplacée par l'interdiction de séjour, dont l'exécution en fait est très adoucie dans les colonies depuis le décret du 18 décembre 1885.

Ce nouvel adoucissement au sort des transportés est facile à justifier :

Toutes les déchéances et incapacités, accessoires de la peine principale, forment par leur ensemble une lourde chaîne dont le poids pèse surtout, sur ceux en qui subsiste encore le sentiment de la dignité individuelle en définitive sur les moins corrompus d'entre les condamnés. En général les transportés sont gens peu accessibles à la flétrissure morale des condamnations afflictives et infamantes et ne connaissent point les inquiétudes du remords, mais les moins mauvais d'entre eux ne peuvent être insensibles à un régime qui a pour effet de les amoindrir, de les ramener pour ainsi dire à l'état d'enfance et d'assujettir leurs moindres actes à une continuelle sujétion. En se prolongeant trop longtemps un pareil régime aurait pour conséquence de leur enlever toute habitude d'initiative et de ne plus laisser subsister chez eux que la force d'inertie. De même que la discipline militaire, chez les nations où elle a été exagérée, transforme les soldats en instruments passifs, ce régime, s'il n'était permis d'en élargir sagement l'étreinte, achèverait de démoraliser des hommes à qui il faut une somme considérable d'énergie et un ressort merveilleux pour s'arracher au mal et se métamorphoser en colons honnêtes, propriétaires et pères de familles, selon le vœu de la loi.

Il convient d'ailleurs d'observer que ces faveurs

administratives ne sont qu'une conséquence du mode d'exécution de la peine.

Après avoir autorisé les condamnés à devenir propriétaires, il fallait, sous peine de retirer d'une main ce qu'on donnait de l'autre, leur faciliter les moyens de tirer parti de cette situation.

Enfin, comme on l'a très justement observé, il est dangereux que le condamné passe brusquement de la servitude à la liberté.

Quand la tutelle de l'administration cesse subitement, et que du jour au lendemain un homme reprend la plénitude de droits dont il a été privé pendant longtemps, il est tenté d'en abuser.

L'avantage de toutes ces faveurs administratives, est de modifier sans secousses, par une série de transitions, la situation du condamné, et de l'amener sans péril à l'instant de la libération.

DES LIBÉRÉS.

Le législateur de 1854 s'est peu préoccupé des libérés : il les a divisés en deux classes. Les uns, ceux qui ont été condamnés à moins de 8 ans de travaux forcés, sont tenus de résider dans la colonie pendant un temps égal à la durée de leur condamnation. C'est ce qu'on appelle élégamment « le doublage ». Les autres, qui ont été condamnés à plus de 8 ans, sont tenus d'y résider pendant toute leur vie.

Même en cas de grâce, le libéré ne peut être dispensé de l'obligation de la résidence que par une disposition spéciale des lettres de grâce (article 6), et s'il tente de se soustraire à cette obligation, il est justiciable des conseils de guerre (article 10).

S'il se conduit bien, il pourra obtenir une concession provisoire ou définitive (article 13) et même obtenir dans la colonie, l'exercice de quelques-uns des droits publics dont il est privé par la dégradation civique (article 12).

Mais sur les moyens de concilier la sécurité publique avec la liberté des libérés, et d'armer d'une façon spéciale l'administration contre les libérés, qui sans commettre de délit caractérisé, mènent dans les colonies une vie errante et refusent de travailler, la loi de 1854 est muette.

La seule disposition à l'égard des libérés qui dans la loi de 1854 mérite d'être relevée, est celle qui astreint les libérés à la résidence soit temporaire, soit perpétuelle, et qui compense ainsi en quantité ce que la peine des travaux forcés a perdu en sévérité. Bien que cette disposition ait été votée sans discussion, le motif qui l'inspira n'est pas douteux. Elle avait pour but d'affaiblir et de détruire chez les libérés l'esprit de retour subversif de la colonisation.

Le législateur de 1854 faisait une expérience. Il pouvait espérer que les meilleurs colons se recruteraient parmi les libérés, « colons d'autant plus utiles qu'ils auraient mieux expié leur peine » (exposé des motifs) et que pendant le temps de la résidence forcée ils se résigneraient à l'expatriation et consentiraient à accepter les offres et les concessions d'une administration bienveillante, plutôt que de vivre au jour le jour en attendant l'heure encore lointaine du départ.

Il est désormais malheureusement prouvé, que, si longue que soit l'attente, le libéré astreint à résidence temporaire ne se résigne jamais à l'exil. Ses yeux ne quittent pas le point où il pourra s'embarquer, mais l'esprit de retour, tout puissant contre l'idée de la colonisation, ne suffit pas à décider les libérés à se mettre au travail ; et le plus souvent, quand le doublage est terminé, ils n'ont pas les moyens de payer leur passage.

Or, le département de la marine ne consent avec raison à rapatrier gratuitement que ceux qui ont fait preuve de travail et de bonne conduite.

Il est inadmissible que les honnêtes gens paient et que l'administration se mette en frais pour ramener en France des libérés qui seraient voués à la récidive d'autant plus sûrement qu'ayant dans la colonie les conditions les plus favorables de salut, ils n'ont point su en profiter.

Assurément, il est regrettable que la loi de 1854 n'ait pas été modifiée de façon à permettre à l'administration de ne transporter que les individus condamnés à plus de 8 ans, mais tant que cette modification n'aura pas été introduite dans notre législation, les colonies, malgré leurs protestations, devront garder les résidents temporaires. Ces protestations sont d'ailleurs très fondées, car les résidents temporaires fournissent les plus gros bataillons à l'armée des libérés dont la présence aux colonies constitue actuellement un véritable danger public.

Les libérés sont le fléau des colonies pénitentiaires.

« La plus grande partie des libérés est réfractaire à toute idée de colonisation. Sur 1186 libérés présents en Guyane en 1884, 142 seulement sont concessionnaires. Ils refusent des engagements à raison de 2 fr. 50 par jour, sous prétexte qu'au pénitencier ils sont nourris, logés et habillés sans être astreints à un travail trop pénible. »

En Calédonie, où les libérés sont près de 3,000, la situation n'est pas meilleure.

« La main-d'œuvre du libéré n'est pas recherchée, ces individus demandent des salaires trop élevés et sont peu stables, ils préfèrent parcourir le pays dans tous les sens, travailler à leurs heures, aux

---

1. Not. 1887, 38.

mines ou chez les colons, sans vouloir se fixer nulle part. » (1) Il n'est pas invraisemblable de supposer qu'enhardis par leur nombre, ils chercheront un jour, par un coup de main, à se rendre maîtres de l'île, comme un équipage mutiné.

Isolément, cependant, ces libérés ne sont pas dangereux. Les voyageurs qui ont été en Calédonie ou en Guyane sont unanimes à reconnaître qu'on voyage et réside au milieu d'eux en parfaite sécurité.

Les statistiques constatent que les crimes contre les personnes sont rares (notice 87, p. 49). Les condamnés les plus dangereux n'étant rendus à la liberté qu'après 15 ou 20 ans de travaux forcés, sont fatigués et presque inoffensifs.

Atteints de paresse invétérée ou d'ivrognerie chronique, habiles à exploiter l'administration, ayant perdu jusqu'à l'énergie du mal, les libérés n'ont en général qu'un souci, vivre sans travailler. Ils végètent ainsi au jour le jour, jusqu'à ce que, vieillis et infirmes, ils retombent complètement à la charge de l'administration qui ne peut pas les laisser périr de faim, et devenus pensionnaires inoffensifs de la société dont ils ont été les pires ennemis, terminent paisiblement leur vie à l'hôpital.

Aussi bien ce n'est pas contre l'infime minorité des libérés qui retournent au crime que l'adminis-

1. Not. 1887. p. 49,

tration est désarmée, c'est seulement contre l'immense troupeau de ceux qui vagabondent dans la colonie sans y travailler. Il est d'autant plus difficile, de réprimer ce genre d'existence que la plupart ne sont pas à proprement parler en état de vagabonge. Ils travaillent à leurs heures et vivent de régime. « Je reconnais, écrit le ministre de la marine que l'administration est désarmée vis-à-vis des libérés » (not. 1885, p. 298).

L'administration était d'autant plus complètement désarmée, qu'en vertu des articles 1 et 2 du décret du 29 août 1855 (notice 1877, p. 253), les libérés astreints à la résidence étaient justiciables des tribunaux militaires.

Or d'après l'article 1, de la loi du 27 mai 1885 la relégation ne peut être prononcée que par les cours et tribunaux ordinaires, à l'exclusion de toutes juridictions spéciales et exceptionnelles.

Il résultait de la combinaison de ces textes que les libérés réfractaires, plus heureux que les récidivistes en France, pouvaient commettre un nombre illimité de petits délits, sans aggraver leur situation.

Le décret du 13 janvier 1888, qui a enfin réglementé d'une façon générale le régime disciplinaire des libérés tenus à la résidence forcée, a supprimé cette anomalie, en rendant aux tribunaux de droit commun la connaissance des crimes et délits commis pas ces libérés. (article 6, 13 janvier 1888).

L'administration est en effet décidée maintenant à réprimer énergiquement les écarts des libérés incorrigibles. Toutefois à leur égard, comme à celui de leurs confrères de France, les mesures préventives seront plus efficace que la répression.

Actuellement donc le problème à l'ordre du jour de l'administration pénitentiaire est de déterminer les moyens de résoudre ce que les colonies appellent « la question de la libération ».

Le premier point pour prévenir et combattre la récidive des libérés, est de les attacher à la concession obtenue pendant l'application de leur peine, assez fortement pour qu'ils s'y maintiennent, même quand ils sont libres de la quitter.

Or, comme nous l'avons vu, le principal motif au fond pour lequel tant de concessionnaires, le jour de leur libération, abandonnent leur concession, est l'impossibilité matérielle où ils sont de l'exploiter, ou s'ils l'exploitent, d'en retirer et d'en garder pour eux les profits.

On peut poser en règle générale, que tous les concessionnaires, quand arrive leur libération, sont considérablement endettés. Ils ne s'aperçoivent de leur liberté et de leur retour au droit commun que parce qu'ils sont immédiatement exposés à la faillite, aux saisies, aux expropriations. Comment s'étonnerait-on qu'ils se hâtent de fuir devant les huissiers et les créanciers, et de quitter une terre où le travail n'a été pour eux qu'une continuelle déception !

Les concessionnaires ne travailleront avec énergie que quand ils seront assurés de pouvoir conserver le légitime fruit de leurs peines. C'est une évidente vérité, dont le décret de 1878 a entendu tenir compte en décidant que les créances antérieures à la concession, ne donneraient pas de droit sur la concession (art. 13).

Le plaisir de payer ses dettes et de s'enrichir d'honneur n'est pas au bagne un stimulant suffisant, mais les poursuites des créanciers antérieurs sont rares, et c'est principalement contre les créanciers postérieurs, le plus souvent des usuriers, qu'il eût été nécessaire de protéger le travail et les intérêts de concessionnaires.

On peut d'autant plus espérer de ces réformes, que le jour où elles auront été opérées, l'administration sera en droit de se montrer plus difficile qu'elle ne l'est actuellement sur le recrutement des concessionnaires (notice 1887, p. 322.) Elle pourra même exiger, en surplus des conditions administratives, que tout transporté, pour être concessionnaire, justifie avoir déjà quelques ressources pécuniaires ou justifie au moins, quand la concession devient définitive, qu'il n'est pas endetté ou que son passif ne dépasse pas son actif.

D'autre part, quand les libérés n'ont pas les aptitudes suffisantes pour être concessionnaires urbains ou ruraux, ils peuvent s'engager chez les habitants; et l'administration fait les plus louables efforts pour leur procurer du travail. Une commission
permanente dite de patronage des libérés a été cons-
tuée par un arrêté du 28 décembre 1877, mais afin
d'assurer l'exercice de son droit de surveillance,
l'administration a tellement multiplié les formalités
et les précautions que sa tutelle doit encore être
plus gênante qu'efficace pour les libérés comme
pour les engagistes.

Les colons libres et les fonctionnaires usent le
moins possible de la main-d'œuvre des libérés. De
préférence ils se servent des condamnés en cours
de peine, des Néo-Hébridais, ou même des Canaques.

Leur répugnance pour la main-d'œuvre des libérés provient non seulement des entraves administratives, mais aussi de ce que cette main-d'œuvre
est trop chère. Les libérés ont en effet des préten-
tions très élevées, parce qu'ils savent qu'au pénitencier, où ils sont toujours libres de rentrer impu-
nément, ils seront nourris, logés, et obtiendront
même des gratifications au prix d'un travail léger
et nullement fatigant.

Cet état de choses durera tant que la réintégration au camp ne sera pas considérée comme une

déchéance et une véritable peine. Il importe, en effet, pour résoudre le problème de la libération, de combiner les mesures préventives et les réformes économiques dont nous avons parlé, avec des mesures répressives beaucoup plus énergiques que celles dont on a usé jusqu'ici.

A ce propos, il convient de louer sans restriction le décret du 13 janvier 1888. Il a remis aux mains de l'administration une arme à double tranchant, grâce à laquelle elle peut concentrer toutes ses ressources et sa bienveillance sur les libérés réellement amendés (art. 3), et en même temps punir fortement les vagabondages et excès des incorrigibles, contre lesquels elle demeurait désarmée tant qu'ils n'avaient point commis un nouveau fait de grande criminalité (art 6).

Les libérés incorrigibles ne tarderont pas à perdre le bénéfice de leur libération pour retomber sous le coup d'une condamnation perpétuelle.

Ils sont, désormais, en vertu de l'art. 6 du décret de janvier 1888, justiciables des tribunaux de droit commun, soumis par conséquent au même régime que les récidivistes de la métropole, c'est-à-dire qu'après un certain nombre de condamnations, ils seront relégués à perpétuité.

Ils se trouveront donc ramenés au camp et dans la même situation que le jour de leur arrivée en

Guyane ou en Calédonie, et l'administration aura sur eux les droits les plus étendus. Elle est donc armée désormais suffisamment contre eux, mais il importe qu'elle use de cette situation avec la plus rigoureuse fermeté, car les ramener simplement au camp, les soumettre au même régime que des transportés fraîchement débarqués, ce serait recommencer une deuxième expérience dans des conditions identiques à la première, et puisque celle-ci a échoué, ce serait proprement perdre son temps.

Ces incorrigibles devront donc être versés dans une classe spéciale ou dans des sections spéciales, et employés aux plus durs des travaux. Ni la patience ni la bonté n'ont réussi près d'eux, ils sont rebelles à tout sentiment d'honneur, et même à celui de l'intérêt, on ne peut les prendre que par la famine.

L'administration devra leur fournir une stricte alimentation, de quoi seulement les empêcher de mourir de faim, n'améliorer ce maigre ordinaire que s'ils ont travaillé, ne leur donner ni salaire ni gratification.

On objectera peut-être que de telles mesures sont trop rigoureuses.

Après tout, étant libérés, ils peuvent, non pas au même titre, mais avec non moins de raison que les déportés politiques, prétendre au droit de ne pas travailler, protester contre les moyens employés pour les forcer au travail.

Il est inadmissible toutefois que les libérés qui refusent de travailler et par conséquent encourent nécessairement à bref délai, un certain nombre dè condamnations pour vol simple, fut-ce même simplement pour vagabondage et rupture de ban conservent leur droit à la liberté, et puissent, en passant tour à tour du pénitencier à la Brousse, et de la Brousse au pénitencier, attendre jusqu'au moment où l'administration touchée de leurs infirmités ou de leur vieillesse, leur ouvrira un dernier asile, où ils pourront mourir en paix, entretenus et soignés jusqu'au dernier moment, aux frais de cette société dont ils ont été les adversaires irréconciliables.

Au fond, les atténuations à la peine, les concessions, les facilités de mariage ou de réunion à la famille, l'obligation de la résidence, toutes les mesures qui règlent aujourd'hui l'exécution de la peine des travaux forcés dans les colonies, se justifient par la recherche d'un double but : d'abord l'amendement des malfaiteurs, ensuite la colonisation ; or, quand il est avéré que ni l'un ni l'autre de ces buts n'est atteint, et que les espérances de la société sont complètement déjouées, une méthode toute différente s'impose et un seul intérêt subsiste qui est celui de la répression. Dans l'intérêt de la sécurité des colonies comme dans celui de la colonisation pénale, il faut que les colonies soient débarassées et purgées de la foule errante des libérés récidivistes.

C'est la condition hors laquelle il n'y a point pour l'administration de salut.

On peut encore objecter que, théoriquement au moins, il est bizarre de reléguer des transportés.

Au point de vue législatif, rien n'est plus incohérent que cette disposition en vertu de laquelle la transportation, supérieure dans l'échelle des peines à la relégation, est en quelque sorte complétée et sanctionnée par une peine inférieure.

Mais en fait rien n'est plus normal, puisque la relégation, telle qu'elle est actuellement pratiquée, est une peine plus répressive que la transportation, et dirigée contre tous les malfaiteurs quels qu'ils soient, reconnus incorrigibles. En outre, étant toujours perpétuelle, cette peine aura l'avantage de maintenir constamment les libérés déchus, sous le pouvoir de l'administration ; et comme cependant les condamnés à la relégation à titre collectif, peuvent obtenir en passant dans la classe des relégués individuels, une sorte de libération conditionnelle, toute chance de regénération, si improbable qu'elle soit, n'est pas interdite au condamné.

Le décret de 1888 ne s'est pas borné à organiser ainsi la répression contre les libérés incorrigibles.

Dans l'intérêt de ceux qui sont réellement amendés, ce décret a supprimé la plus grande partie des précautions et des entraves administratives imposées aux libérés par les décrets de 1878 et de 1881. Si les libérés sont réellement amendés, ces précautions sont inutiles et gênantes aussi bien pour eux que pour les colons libres désireux de les employer.

S'ils ne sont pas amendés, elles sont insuffisantes. Aussi, d'après l'art 1er de ce décret, les libérés astreints à la résidence sont tenus seulement de répondre à deux appels annuels.

Le gouverneur peut même, par une décision individuelle, toujours révocable, exempter de l'obligation de l'appel « les libérés suffisamment connus et offrant des garanties » (art. 3).

Quant à l'interdiction de séjour qui a remplacé la peine de la surveillance de la haute police, supprimée par la loi de 1885, elle se réduit en fait à l'interdiction de résider dans la commune de Nouméa et dans quelques centres limitativement énumérés par l'art. 2 du décret du 18 décembre 1885.

En outre l'interdiction de séjour peut être suspendue par le gouverneur « après un temps d'épreuve qui ne devra jamais être inférieur à la moitié de la durée totale de cette interdiction » (art. 13, 18 décembre 1885).

A la faveur de toutes ces mesures, une opposition complète se produira entre les mauvais et les bons libérés. Ces derniers, véritablement libres, jouissant enfin du droit commun, soutenus et encouragés par l'administration, inspirant confiance par leur qualité même de libérés, pourront espérer prendre rang parmi la population libre et y réussiront peut-être.

« Ce qui fait surtout aujourd'hui que presque aucun libéré n'arrive à la réhabilitation (Moncelon p. 165) ni même à se faire une situation qui lui permette de vivre avec ses propres ressources, ce sont les mille entraves réglementaires, qui sous prétexte de sécurité publique, maintiennent à perpétuité à l'égard de ces malheureux, l'état de défiance et de répulsion où ils se trouvaient fatalement sous la livrée même du bagne. »

Ce premier obstacle au reclassement définitif des libérés sera désormais écarté, mais il en subsiste un autre plus grave dans les mœurs et l'opinion publique. Il est plus difficile d'être réhabilité par l'opinion publique que par la loi. A cause de la fatale promiscuité du pénitencier, et du genre d'existence que la plupart mènent actuellement, tous les libérés sont aux colonies un objet de crainte et de réprobation. Là, comme dans le métropole, une infranchissable ligne de démarcation s'est creusée entre le colon libre et celui que la loi a flétri. Il suffit qu'un

libéré arrive à être réhabilité pour que les colons libres dont il est le fournisseur, l'abandonnent afin de
n'être pas exposés à lui serrer la main. Aussi tous
les libérés qui ont conservé quelque sentiment de dignité se hâtent dès qu'ils ont amassé le prix du passage, de s'embarquer et de quitter cette terre où
les rangs des honnêtes gens se ferment impitoya-
blement devant eux, pour gagner quelque pays,

    « Où d'êtres hommes d'honneur, ils aient la liberté »,
la libération se trouve ainsi décapitée de ses meilleurs sujets.

De pareilles mœurs ne se seraient pas formées
ou pourraient se modifier si la promiscuité dispa-
raissait du bagne. Le sous-officier qui dans une
minute d'égarement dérobe quelques francs à la
caisse de son régiment, l'homme qui tue par ja-
lousie, par passion, sont des criminels à qui l'on peut
ne pas retirer toute estime.

Qu'on les préserve au bagne de tout contact avec
les malfaiteurs vulgaires, qu'on les habille même
d'un costume spécial au risque d'introduire une
inégalité apparente dans le bagne, ils cesseront
d'être enveloppés par les colons libres dans une
commune répulsion. La fusion entre les libérés et
les honnêtes gens se ferait ainsi plus rapidement,
et n'étant plus découragés par l'inflexible sévérité
de l'opinion publique, les moins mauvais des libé-

rés resteraient dans la colonie et lui maintiendraient le concours de leur forces et de leurs travaux.

Par l'application de la nouvelle méthode consistant en résumé à ne maintenir en état de libération que des individus réellement amendés et d'autre part à rapprocher ceux-ci le plus vite possible du droit commun et de la réhabilitation, la suspicion dans laquelle tous les libérés sont tenus aujourd'hui pourra s'affaiblir et cesser. Lorsque ce premier point aura été gagné, on pourra leur rendre vite l'exercice de certains droits publics, les grouper dans des centres où ils pourront être rejoints et encadrés par des colons libres, et dans lesquels on pourra utilement organiser la vie publique locale.

Malgré la situation actuelle de la libération, l'administration a tenté quelques excès de ce genre, notamment à Bourail, dans la Calédonie, et au Maroni dans la Guyane (not. 1887 p. 78).

Actuellement au Maroni comme à Bourail, concessionnaires et libérés en cours de peine vivent côte à côte. Il y avait même autrefois à Bourail des condamnés des dernières classes. Ils ont été réintégrés dans un pénitencier situé loin du centre principal. En outre, les transportés ne sont installés sur les concessions encore libres à Bourail « que s'ils n'ont pas plus de dix ans de peine à subir, afin que vers l'année 1895, il n'y ait plus à Bourail un seul condamné en cours de peine. D'ici à cette époque, la transportation abandonnera peu à peu ses établissements, et l'élément libre viendra sans aucun doute, grossir la population qui s'y trouvera groupée ». (1)

Mais cet espoir demeurera une illusion, et Bourail ne pourra devenir une commune libre, et un point de jonction entre les libérés et les honnêtes gens, tant que la libération n'ara pas subi la profonde réforme dont nous avons parlé.

La vérité est qu'aujourd'hui le village de Bourail est un repaire, un immonde foyer de corruption. Il y a peu de femmes, les ménages y vivent dans une répugnante promiscuité où la corruption n'attend pas le nombre des années. Les libérés y vivent aux dépens les uns des autres. Tout libéré sortant du pénitencier ayant quelque argent en poche, mange et boit son pécule avec les camarades puis s'unit ensuite avec eux contre tout nouvel arrivant. Ils pratiquent ainsi avec rigueur les devoirs de l'assistance mutuelle, et comme on se blase sur toutes les horreurs, certains faits qui en Europe soulèveraient l'indignation, passent inaperçus dans l'universelle corruption. On conçoit que les colons libres s'aventurent peu dans un semblable milieu, sauf quelques-uns plus fortement trempés, demi marchands de vin,

1. Not. 1887.

demi usuriers qui s'enrichissent aux dépens de l'ivrognerie et des vices des libérés.

Au Maroni, la même expérience qu'à Bourail, ayant été tentée plus tôt, les libérés y sont actuellement déjà plus nombreux que les concessionnaires.

Le Maroni a été constitué en commune par un décret du 16 mars 1880 (notice 1884 p.8). « C'est une commune administrative, dit M. Leveillé (*France coloniale,* p. 674), qui n'a pas d'électeurs, et dont les conseillers municipaux sont des fonctionnaires qui la régissent par le droit du galon ».

On peut d'ailleurs juger aisément du régime de liberté communale dont jouissent les habitants de cette commune par cette phrase d'une notice : (notice 1887, p. 78).

La liberté communale leur a été accordée « *sous la surveillance de la gendarmerie* et la juridiction d'un juge de paix à compétence étendue ».

Toutefois l'art. 15 de la décision du 23 juin 1880 dispose que le directeur de l'administration pénitentiaire pourra autoriser la commission municipale, laquelle est composée exclusivement de fonctionnaires et d'officiers nommés par le gouvernement, à soumettre certaines question d'intérêt communal à l'avis des principaux notables de la commune.

Mais ces délibérations des notables ne doivent pas dépasser deux jours au maximum.

Il faut en outre qu'elles soient demandées par la commission municipale et autorisées par le directeur de l'administration.

Assurément, on conçoit qu'à cause du caractère tout particulier de ses habitants la commune du Maroni ne jouisse même pas du petit nombre des libertés et franchises des communes ordinaires, mais pourquoi cependant n'enlèverait-on pas à la commission pour la confier aux notables, la gestion de certains intérêts locaux d'ordre secondaire ?

Pourquoi les libérés ne pourraient-ils pas aspirer à prendre part aux affaires publiques locales ?

Le rêve de tout bon anglais disait M. Michaux est d'être juré, le rêve de tout bon français est de devenir fonctionnaire.

La moindre participation aux affaires publiques, l'espoir d'y arriver serait un excellent moyen de raffermir et d'honorer les libérés réhabilités.

Les libérés peuvent être experts, jurés et décider ainsi du sort de leurs semblables, ils peuvent être tuteurs, chargés de l'instruction et de l'éducation des mineurs (art. 12, l. 31 mai 1854) d'autre part ils peuvent être chefs de maison, occuper des ouvriers, des apprentis. Ils sont aptes à exercer ainsi différentes magistratures et cependant ils resteraient étrangers aux intérêts locaux qui les touchent de plus près.

Dès que l'application des nouveaux règlements aura considérablement éclairci les rangs des libérés et opéré parmi eux une sélection sévère, la vie publique locale devra être organisée sur des bases plus larges et plus libérales qu'elle ne l'est aujourd'hui.

Le jour où la réforme de la libération aura été accomplie, l'administration pourra en effet accorder à la commune du Maroni, comme aux centres de même origine, une liberté plus grande où la surveillance de la gendarmerie aura un moindre rôle.

Jusqu'à présent, d'ailleurs, les libérés ont sagement usé des droits publics dont l'exercice leur a été conféré.

Les concessionnaires du Bourail se sont constitués en syndicat (Notice 1887, p. 78, 381) afin de faciliter l'écoulement de leurs récoltes et de se soustraire à l'action des usuriers.

Cette association a été encouragée par l'administration ; elle peut avoir pour conséquence de développer l'initiative des condamnés et de réduire, dans un temps donné, les charges de la mère-patrie (Notice 1888, p. 53 et s.).

Un deuxième syndicat est en voie de formation au centre de Pouembout. En outre, quand l'administration eut l'heureuse idée d'organiser des comices agricoles, pour s'assurer des résultats obtenus, elle voulut que les concessionnaires fussent jugés par leurs pairs et pour la formation du jury elle conféra aux concessionnaires libérés ou en cours de peine l'électorat et l'éligibilité (art. 2 et 3, décision du 5 septembre 1870. Notice 1874, p. 188).

Le plus souvent, le deuxième jury, composé de colons libres, n'a fait que ratifier les décisions du premier jury (Notice 1880, p. 123).

Telles sont les premières manifestations de la vie publique locale dans les colonies pénitentiaires, essais timides comme sont tous les premiers pas faits avec hésitation dans une voie nouvelle ; mais ils ont réussi et achèvent de démontrer que le principe dominant de toute colonisation pénale consiste dans cette double règle :

Une répression impitoyable contre tous ceux dont l'expiation ne peut vaincre la perversité ni déterminer l'amendement.

Un adoucissement complet et rapide en faveur de tous ceux qui par le repentir et le travail effacent leur faute, prouvent leur amendement.

La loi du 14 août 1885 permettra désormais aux libérés de cette dernière catégorie d'arriver aisément à la réhabilitation. Ainsi pourront être accomplis jusque dans leurs dernières conséquences les vœux du législateur de 1854, en même temps que la Société sera récompensée de n'avoir pas désespéré du salut de tous ceux qu'elle a été forcée de punir.

CONCLUSION

La transportion a certainement touché son premier
but qui était de purger la métropole et de guérir la
récidive criminelle, autant que peut l'être un mal
incurable.

Nous espérons avoir montré qu'elle pourrait aussi
atteindre le deuxième qui était de moraliser le condamné et de le classer définitivement dans une Société
nouvelle.

Enfin, elle a le précieux avantage de favoriser
l'expansion coloniale de la France.

« En admettant (Leroy-Beaulieu *De la colonisation chez les peuples modernes,* p. 476.) ce qui est con-
testable, que, au moins au début, la déportation
soit un régime un peu plus coûteux que l'emprisonnement dans la mère patrie, ces dépenses mêmes
qui s'opèrent dans la colonie y suscitent la vie et y
développent les cultures. C'est un afflux de capital
qui se déverse sur cette terre neuve ; or, le capital
est un des éléments essentiels de prospérité dont
peut le moins se passer une colonie naissante. Il
n'est pas indifférent que le gouvernement dépense

à la Guyanne 12 ou 15 millions de francs par an. Cette consommation, qui n'est qu'une goutte d'eau dans la mère patrie, exerce une énorme influence sur une terre presque dépourvue d'habitants... Ce ne sont pas seulement des capitaux que la déportation apporte, ce sont des bras, c'est de la main-d'œuvre. Cette main-d'œuvre est de qualité secondaire, qui le nie? Elle ne vaut que la moitié, mettons même le tiers ou le quart de la main-d'œuvre habituelle, elle n'en est pas moins précieuse. »

L'œuvre que la colonisation libre n'est actuellement ni assez riche ni assez nombreuse pour accomplir sera préparée lentement mais sûrement par la colonisation pénale.

Les services rendus ainsi à la colonisation sont d'autant plus précieux que toutes les nations modernes se sentant à l'étroit sur l'ancien théâtre de leurs rivalités, n'osant plus à cause même de leur toute puissance risquer de nouvelles guerres, pressées par les exigences du commerce et de l'industrie, sentent qu'un empire colonial est une condition nécessaire à leur future grandeur.

Quand seront apaisées les haines patriotiques qui contraignent l'Europe à s'épuiser en armements, cet élan vers les pays lointains ne manquera pas de s'accroître. La France doit-elle se laisser distancer dans cette course ? Elle ne ressaisira pas l'em-

pire colonial qui lui a échappé jadis, comme il avait
d'abord échappé aux Espagnols.

Elle peut et doit au moins occuper au-delà des
mers la place qui convient à son rang sur le conti-
nent. On peut penser que c'est pour elle un moyen
efficace de compenser son amoindrissement et ses
récents revers.

Comme l'écrivait un éminent publiciste dont les
premières prévisions se sont réalisées point pour
point, à la fin du second empire :

« Si notre population, obstinément attachée au
sol natal, continue tantôt à s'y accroître avec une
extrême lenteur, tantôt même à rester stationnaire
ou à décroître, nous péserons, toutes proportions
gardées, autant qu'Athènes pesait jadis dans le
monde romain » (P. Paradol, *France nouvelle*, p. 407).

Réussirons-nous à éviter cet avenir menaçant ?

Ce qui nous manque le plus est l'esprit de suite.
Nous nous décourageons aisément pour nous livrer
au plaisir de la critique et de l'opposition, et sa-
chant parfois vaincre, nous ne savons pas toujours
user de la victoire. Les mêmes répugnances que
nous avions eues autrefois contre l'Algérie, nous les
manifestons aujourd'hui contre l'Indo-Chine.

Préoccupés exclusivement de nos intérêts continentaux, nous ne colonisons que malgré nous, en
nous résignant, ou parce que nous croyons que

l'amour-propre national nous interdit de reculer.

La France n'a jamais manqué d'hommes aventu
reux comme Dupleix ou la Bourdonnais dans les
Indes, Garnier et Rivière au Tonkin ; elle a trop souvent manqué de sages administrateurs comme Ma-
louet.

Or, aujourd'hui, la colonisation ne se fait plus
comme autrefois par des coups de main ou des aven-
tures plus fertiles en gloire qu'en résultats commer-
ciaux, elle est l'œuvre pacifique et lente du développement des relations commerciales à qui le bruit
des armes et du canon ne doit être qu'une courte
préface.

Cependant au fond de la plupart des critiques
dirigées contre la colonisation pénale ou libre, on
retrouve aujourd'hui encore notre traditionnel esprit d'impatience et de contradiction qui ne nous
permet pas de consolider avec l'aide du temps et la
force de la patience, les entreprises commencées.

« Qu'on ne l'oublie, pas disait avec raison Leroy
Beaulieu, p. 478, la déportation n'est pas une expérience que l'on puisse faire en quelques années.
Il y faut de l'esprit de suite, un plan exécuté avec
persévérance, malgré tous les obstacles et les mé-
comptes initiaux. Cinquante années ne sont pas de
trop pour rendre efficace un système de déportation. »

Les progrès seront d'autant plus lents, que la colonisation libre, dont les conquêtes sur le sol sont plus rapides et plus décisives, sera quelque temps encore impuissante et stérile sans l'aide de la colonisation pénale. Les colons libres n'apportent presque jamais de capitaux, et n'ont chances de réussite que quand l'administration, comme elle l'a fait l'an dernier, leur distribue quelques fonds prélevés sur son budget. Pour qu'ils puissent s'enrichir, il faut que la métropole ou les colonies leur fassent la charité, et leur donnent des terres, des outils et de l'argent.

Convaincus par conséquent que la colonisation pénale fraye sûrement les voies à la colonisation libre et prépare ainsi le nouvel empire colonial qui pourra seul peut être, au siècle prochain, prolonger notre race et affirmer sa vitalité, nous devons avoir la persévérance d'attendre. Des charges, il est vrai, lourdes et nombreuses pèsent d'un tel poids sur les générations actuelles qu'il peut leur paraître pénible d'y ajouter encore en préparant une œuvre dont les générations futures pourront seules recueillir la récompense. Il est dur de planter quand d'autres auront l'ombrage.

Mais pour être éloignée la récompense n'en est pas moins assurée.

Puisse notre patrie avoir une assez ferme ténacité

pour ne pas perdre à la légère le fruit de tant de sacrifices, de peines et d'efforts.

Heureusement les premiers et plus rudes obstacles ont été déjà franchis et les chemins les plus
escarpés ont été gravis : on peut déjà dire du progrès des colonies pénitentiaires ce que P. L. Courier
disait de ceux de la Société moderne. « Si la marche
du coche nous paraît longue, c'est que nous vivons
un instant, mais que de chemin il a fait !... A cette
heure, en plaine roulant, rien ne le peut plus arrêter ».

TABLE DES MATIÈRES

PREMIÈRE PARTIE

DE L'EXÉCUTION DE LA PEINE

DEUXIÈME PARTIE

AMENDEMENT ET RÉCOMPENSE DE L'AMENDEMENT DES CONDAMNÉS

Laval, Imp. et Stér. E. JAMIN, 41, rue de la Paix.